LIDERAZGO DINÁMICO EN TIEMPO DE CRISIS

Misión y Transformación

*Leonel DeLeón, Diego Forero,
Roberto Hodgson y David Alberto Pérez*

Mario J. Zani, Editor

Copyright © 2021
Región US-Canadá, Iglesia del Nazareno
Todos los derechos reservados.

Impreso por La Buena Semilla, Bogotá.
IMPRESO EN COLOMBIA

DIGITAL DISTRIBUTION SKU 237-0-00087-125-1

LIBRO IMPRESO ISBN 978-1-56344-939-0

EBOOK ISBN 978-1-56344-941-3

Mario J. Zani, Editor

Diseño de portada: Scott Stargel

Diagramación: *Global Nazarene Publications*

A menos que se indique lo contario, todas las citas bíblicas han sido tomadas de la Biblia versión Reina-Valera © 1960 Sociedad Bíblicas en América Latina: © renovado 1988. Sociedades Bíblicas Unidas. Utilizado con permiso.

CONTENIDO

Prefacio / 5

Introducción / 7

Liderazgo pastoral / 15

El Espíritu Santo en la vida del líder / 21

La oración y el ayuno en la vida del líder / 39

Formando a su equipo de liderazgo / 49

Plan estratégico en el liderazgo pastoral / 73

Liderazgo misional / 93

Liderazgo transformacional y multiplicador / 103

Medios de comunicación para el liderazgo / 115

Bibliografía / 131

PREFACIO

En la historia de Dios con su pueblo escrita en el texto de las Sagradas Escrituras encontramos la interacción de Dios con un grupo de hombres y mujeres llamados a su misión. Esos siervos y siervas dieron a conocer los planes de Dios para su pueblo y para la humanidad. Ellos fueron los líderes del pueblo de Dios, tales como los patriarcas, jueces, profetas, reyes, y otros que sus nombres quedaron en el anonimato, protagonizando grandes hazañas en el plan divino.

Jesucristo fue enviado por Dios para revelar su amor y plan redentor para la humanidad. Jesucristo usó el mismo principio de Dios de llamar a hombres y mujeres empoderándolos con su autoridad para la proclamación del evangelio. Ellos y ellas fueron desarrollados como líderes del movimiento que surgió en la inauguración del reino de Dios.

Jesucristo comisionó a sus discípulos a continuar con la proclamación del evangelio por todo el mundo. En las narrativas de los libros del Nuevo Testamento encontramos a hombres y mujeres que se destacaron como líderes para cumplir fielmente el mandato de lo que llamamos la Gran Comisión. (Mateo 28:19-20).

El Espíritu Santo descendió el Día de Pentecostés para empoderar a la iglesia a ser testigo de Jesucristo. La historia maravillosa de la actividad del Espíritu Santo a través de la Iglesia se realizó con hombres y mujeres que obedecieron y se comprometieron a llevar el evangelio de Jesucristo a las naciones. Los llamados nazarenos del movimiento de santidad fueron parte de esa gran historia del pueblo de Dios en anunciar el evangelio. En los relatos de escritos, narrativas orales, y más reciente en los medios sociales encontramos los testimonios de líderes, pastores, misioneros, educadores, administradores, y otros que han sido instrumentos en cumplir con el llamado de Dios en sus vidas.

El concepto de este libro surgió en un viaje de entrenamiento del DCPI, Iglesias Plantando Iglesias en el área de San José, California, en el 2019. En el viaje de más de una hora para llegar al local donde se haría la capacitación y con audiencia cautiva en el vehículo que viajábamos, varios de los presentadores nos dimos a la conversación y reflexión acerca de cómo podíamos compartir con los pastores y líderes hispanos/latinos un material con principios bíblicos en el área de desarrollo de liderazgo.

La conversación no concluyó con el viaje, sino que, al llegar al hotel donde nos hospedamos, seguimos dándole suma importancia al tema. Consideramos que éste era un factor esencial y necesario para equipar al liderazgo de la iglesia en el cumplimiento de la misión de "Hacer discípulos semejantes a Cristo en las Naciones". Después llegamos al acuerdo de que el material lo podíamos elaborar en un libro e invitar a algunos líderes para que compartieran sus experiencias para que, posteriormente, se organizaran seminarios o talleres donde se presentaran los principios que se han plasmado en el libro que tiene en sus manos.

> Y cuando hablamos de la necesidad de líderes, entonces nos obligamos a hablar de liderazgo. Y, precisamente, esto es lo que necesita nuestro mundo actual: liderazgo. Pero un liderazgo transformacional, que impacte positivamente no solamente a las personas, sino también a la historia; un liderazgo que deje marcas indelebles; un liderazgo que produzca bendición. No un liderazgo matizado, enclaustrado y mimetizado por el pensamiento humano; al contrario, un liderazgo delineado por el gran Artista: Dios. Precisamente y con el fin de modelar un liderazgo de impacto es que debemos recurrir al pensamiento de Dios dejado para el hombre: La Biblia.[1]

—Roberto Hodgson

---

1 Rick Warren, *Lecciones de liderazgo basadas en Nehemías*. Miami, Florida: Editorial Vida, 2005.

INTRODUCCIÓN

¡Una iglesia sin miedo y en victoria!

Cada semana recibo en mi correo electrónico el boletín distrital. En este, además de información de actividades relacionadas a nuestra jurisdicción distrital, el superintendente o alguien del personal que colabora con él en la oficina de distrito escribe una carta que inspira, desafía, y llama a los pastores a la reflexión. Esta semana, el escritor fue el administrador distrital, pastor Wayne Nelson. Él, entre otras cosas, menciona aspectos importantes que debemos recordar como pastores y líderes de la iglesia del Señor. Al comenzar su artículo cita al pastor, autor y orador A. W. Tozer, quien hace más de 50 años escribió: "Un mundo asustado necesita una iglesia sin miedo". Mi recomendación es que lea la biografía de este autor y algunos de sus libros.[1] Nelson agrega su propio comentario:

Estas palabras [de Tozer] parecen sonar fuerte en estos días. En una época con opiniones y diversas emociones, el miedo puede apoderarse de la mente. El resultado del miedo puede ser paralizante si no se controla. Jesús vino a ofrecer paz a un mundo asustado. Pablo le dijo a Timoteo que "Dios no nos dio un espíritu de temor, sino de poder, amor y sano juicio" (2 Timoteo 1:7). El profeta Jeremías proclamó al Señor: "Refrescaré al cansado y saciaré al cansado" (31:25).[2]

El pastor Nelson continúa diciendo que Dios usa a su pueblo y que en esta hora la iglesia requiere de valentía, para hacer la diferencia frente a tanta oscuridad y mal que hay a su alrededor. Algunas de esas

---

1   Este autor tiene publicado en español varios videos y su biografía en *https://es.wikipedia.org/wiki/A._W._Tozer* y también en Facebook: *https://www.facebook.com/AWTozerSpanish/*

2   "Newsletter", Distrito de Kansas City, 18 de enero de 2021, bajo el título: "Una iglesia sin miedo".

formas para hacer la diferencia, menciona el pastor Nelson, es continuar predicando acerca de la esperanza que únicamente ofrece el Señor; estar a la altura de las circunstancias pecaminosas y de necesidad que rodean a la iglesia; y llevar a cabo como pastor, líder e iglesia acciones prácticas de bien al prójimo. Entre esas acciones él menciona tarjetas de regalos a maestros en alguna de las escuelas vecinales que la congregación puede adoptar; llamar o enviar notas a personas que pudieran estar solas en estos tiempos de pandemia —o aun después de la pandemia, porque siempre hay necesitados a nuestro alrededor—; ofrecer cuidado de niños a padres o madres solteras, que son el sustento del hogar; llevar algún platillo a la estación de bomberos o policial cercanas a la iglesia; y otras acciones de bien, que requieren creatividad y proactividad de parte de sus miembros.

Esta semana escuché con mi esposa a la banda vocal Gaither con el tema "Iglesia Victoriosa".[3] Tanto la interpretación como la letra, literalmente y con los ojos cerrados, me emocionó y permitió imaginar que somos una iglesia marchando, no importando otra cosa, sino que ¡Jesucristo sea quien guía y dirija siempre a su iglesia victoriosa!

La letra del himno indica que como pueblo debemos regocijarnos, porque "¡la iglesia es victoriosa, está bien y viva!" La canción sigue mencionando que "muchos tontos conquistadores pensaron que, porque empujaron o la obligaron a cerrar circunstancialmente sus puertas, llevándola a ser perseguida o a seguir de manera subterránea su misión, ella ha seguido fluyendo como agua cristalina con su mensaje". El himno nos recuerda que "hubo líderes como 'Simón el Mago',[4] que quisieron obtener lo que no se compra ni se vende, "porque está mucho más allá" de lo que el poder o el dinero pueden hacer. Hubo tiempos en que el mensaje fue diluido por quienes lo han querido hacer socialmente atractivo, envolviéndolo en joyas, y predicando sobre la prosperidad. El mensaje ha sido también tergiversado, mal representado, y hasta ridiculizado, pero Dios

---

3   Gaither Vocal Band, "The Church Triumphant" (Live), *https://www.youtube.com/watch?v=WtCV_ysZC04&ab_channel=GaitherVEVO*
4   Hechos 8:9-24.

siempre ha tenido un pueblo, seguidor de Cristo, que no importando cuáles fueran los tiempos, han marchado como un ejército poderoso proclamando el mensaje de Cristo. La canción termina diciendo:

Escucha, hijo de Dios. La iglesia está viva. Pastor desanimado, ¡es la iglesia de Cristo y está viva! Misionero solitario, siembra esa semilla con confianza. ¡La iglesia todavía está viva! Santo anciano, mi amigo con el corazón herido, madres ocupadas, padres fieles, familia de Dios… ¡Levanten sus manos y alaben al Señor! La iglesia, la iglesia victoriosa de Cristo… ¡está viva! [5]

Estos ejemplos de literatura y música que cruzaron mi camino en el transcurso de estas últimas dos semanas, además de la providencia de Dios que inquieta el espíritu, ocurrieron mientras editaba estos capítulos y pensaba en los escritores de este libro. He dado gracias a Dios porque hace posible que de personas como ellas salga esa agua cristalina de la que podemos tomar como iglesia victoriosa del Señor. ¡Qué hermoso es ser inspirados y animados por la realidad de que Cristo está al frente y en control de su iglesia, y que su Espíritu nos guía e inspira durante esta marcha hacia la eternidad! ¡Amén y amén!

Los autores de este libro enfatizan que para ser esa iglesia victoriosa es mucho más que cantos e inspiración o motivación. Un primer aspecto es importante poner de lado el miedo o la incertidumbre. Mejor aún, reconocer delante del Señor, de rodillas y en oración, nuestra débil y frágil naturaleza para recibir la fuerza, confianza y valentía que sólo él puede y tiene para darnos. En estos tiempos en que algunos valientes parecieran bajar sus brazos, es importante recordarnos del lado de quien estamos. Es fácil distraernos y mirar a la tormenta. Es fácil dejar que los vientos de la política, la pandemia y falta de trabajo entre los miembros de nuestra congregación nos asusten. No sería raro que con los recursos limitados en la casa pastoral y el piso temblando bajo nuestros pies debido a las circunstancias reales que nos rodean que quitemos nuestra mirada del

---

[5] Resumen abreviado y adaptado por el autor del editor, de la letra del himno: "La iglesia victoriosa", de Bill y Gloria Gaither. http://www.songlyrics.com/bill-gloria-gaither/the-church-triumphant-lyrics/.

Señor. El desafío es mantener los ojos en nuestro Dios, el que promete y cumple: "No es con ejército, ni con fuerza, sino con mi Espíritu, ha dicho el Señor de los ejércitos" (Zacarías 4:6). Bien nos recuerda en uno de sus capítulos el Dr. Roberto Hodgson: "La iglesia del Señor Jesucristo cuenta con la bendición de tener a su disposición el poder del Espíritu Santo."[6]

También y en medio de estos tiempos difíciles es fundamental tomar el llamado con convicción y dignidad. Al hacer así, nos pondremos con seguridad frente de nuestras congregaciones o grupos de responsabilidad y sabremos cómo inyectar optimismo y proporcionar información y enseñanza adecuada. Más aun, estaremos conscientes de cómo y con qué equipar a los fieles. Una iglesia informada sabe dónde está parada y qué existe para hacer frente a su enemigo. Una iglesia equipada, no solo tendrá información, pero tendrá la formación necesaria para su fortalecimiento y para avanzar sobre las trincheras del enemigo. Dice el Dr. Leonel DeLeón en este libro: "La tarea del pastor consiste en cuidar, preservar, alimentar, mientras que la misión consiste en multiplicar, reproducirse, cumplir el propósito de 'ser rebaño'... Nadie podrá apacentar con excelencia si no tiene la visión de lo que significa ser pastor..."[7] Como iglesia victoriosa esto tiempos deberán ayudarnos a renovar nuestros compromisos con el Señor de la iglesia, y a ponernos con confianza frente a quienes él ha puesto bajo nuestro cuidado.

Estos tiempos también requieren entender el corazón de Dios y su misión. Si hay algo que este libro nos ayudará es a clarificar el por qué y para qué de la tarea que tenemos como iglesia. Un equipamiento con propósito entiende la misión, como bien menciona el pastor Diego Forero cuando escribe:

> Para que la misión llegue a ser transformadora, los líderes de la iglesia deben preparar a todos sus miembros, sean clérigos o laicos, para que,

---

[6] Roberto Hodgson, en el capítulo "El Espíritu Santo en la vida del líder", en este libro.

[7] Leonel DeLeón, en el capítulo "Liderazgo pastoral", en este libro.

INTRODUCCIÓN

como discípulos de Cristo, vayan y hagan lo que él nos comisionó a hacer.[8]

Es muy fácil hacer muchas cosas y lograr poco o nada. Lo peor de todo, es muy fácil involucrar a otros en muchas tareas que llevan a la iglesia hacia cualquier dirección, menos hacia la que Dios quiere que marche. Aun cuando las tareas pudieran parecer importantes según nuestros propios criterios será importante revisitar una y otra vez la misión de Cristo para la iglesia. Al entender y clarificar la misión, trabajaremos con la iglesia e involucraremos a los creyentes con los dones y talentos que Dios les da, para juntos avanzar en esa misión.

Otro aspecto importante en la marcha victoriosa de la iglesia es que cada pastor y líder esté actualizado en las herramientas que utiliza en el cumplimiento de la misión. En ocasiones y como predicador he puesto como ejemplo a un anciano con quien, yo siendo muy joven, me hice amigo. Este anciano, Narciso, ayudaba en todas las tareas de limpieza de la iglesia donde mi papá era pastor. Narciso se había convertido en un ministerio previo de mis padres, muchos años antes, en una iglesia rural. En aquel tiempo, Narciso no sabía leer ni escribir; sencillamente, con mucho esfuerzo y disciplina, aprendió a leer con la Biblia. Cierto día, mientras él tenía su devocional en su casa, le dije: "Narciso, usted aprendió a leer muy bien…" Me contestó acertadamente: "¿Cómo pudiera testificar a otros si no conociera la Palabra de primera mano?" Y agregó: "Si no supiera leer sería como ver un cartel de advertencia de muerte en la carretera y no saber qué dice." Esta misma situación la he visto en mi ministerio: ¡Cuánta ceguera encontramos en la congregación que, con enseñanza paciente, discipulado, y prácticas innovadoras, pudiéramos ayudar a que desapareciera! ¿Cuántas herramientas útiles pudiésemos implementar para que nuestra gente e iglesia comunique el mensaje del evangelio de manera más efectiva? ¿Por qué clavar clavos con un zapato cuando hay martillos en el mercado? En el contexto de la pandemia y cierre total o parcial de su templo, el pastor David Alberto Pérez

---

8   Diego Forero, en el capítulo "Liderazgo misional", en este libro.

escribiendo acertadamente acerca del uso de las redes sociales y medios de comunicaciones disponibles dice:

> Muchas iglesias han aprovechado muy bien las transmisiones en vivo por medio de sus plataformas sociales, llegando así a toda la congregación y también a muchas personas nuevas... Es importante explorar todas las opciones posibles de comunicación para que todos puedan estar conectados con la iglesia. ¡Qué importante es actualizarse y ampliar las formas y posibilidades de impactar a todos con el mensaje del evangelio! Es sumamente urgente pensar en que nadie esté desconectado de la iglesia local.[9]

La buena preparación, tanto del pastor como de la congregación local, reduce exponencialmente los miedos que produce la incertidumbre y el desconocimiento; los desafíos, por otra parte, son resueltos naturalmente y con mayor efectividad; y las metas son alcanzadas no porque sea fácil hacerlo, sino porque no somos sorprendidos por las circunstancias. El apóstol Pablo tuvo miles de razones para quedarse en casa y dejar a otros la responsabilidad del llamado del Señor a su vida. Lo cierto es que no lo hizo; al contrario, salió a cumplir la misión de Cristo y animó a las iglesias a hacer lo mismo diciéndoles:

> Mas gracias sean dadas a Dios, que nos da la victoria por medio de nuestro Señor Jesucristo. Así que, hermanos míos amados, estad firmes y constantes, creciendo en la obra del Señor siempre, sabiendo que vuestro trabajo en el Señor no es en vano (1 Corintios 15:57-58).

No se trata de resolver todo con nuestro esfuerzo, conocimiento y virtudes. Sencillamente y como seguidores de Cristo, permitimos que su presencia sea fundamental para guiarnos y echar mano, creativa e intencionalmente, de los medios que él pone a nuestro alcance.

> Pero tenemos este tesoro en vasos de barro, para que la excelencia del poder sea de Dios, y no de nosotros, que estamos atribulados en todo, mas no angustiados; en apuros, mas no desesperados; perseguidos, mas no desamparados; derribados, pero no destruidos; llevando en el cuerpo siempre por todas partes la muerte de Jesús, para que también la vida de Jesús se manifieste en nuestros cuerpos. (2 Corintios 4:7-10)

---

9   David Alberto Pérez, en el capítulo "Medios de comunicación para el liderazgo", en este libro.

INTRODUCCIÓN

¡Es a él que le damos la gloria y la honra para perder el miedo y marchar victoriosos!

Al leer y estudiar este libro, hágalo teniendo a la mano su Biblia y libreta de anotaciones (perdón, su tableta o computadora). Preste atención a la voz del Espíritu; el Señor le ayudará a ver con mayor claridad la misión de él a su iglesia, y maneras en como avanzar en ese camino, sin miedo, con convicción y en victoria. ¡La iglesia está viva y en victoria!
—Mario J. Zani

"UN MUNDO ASUSTADO NECESITA UNA IGLESIA SIN MIEDO."

—A. W. TOZER

LIDERAZGO PASTORAL

Por Leonel B. DeLeón

La Biblia es la Palabra de Dios y base para el desarrollo de la vida cristiana personal; más aún, es el manual de Dios para que su iglesia sea dirigida de acuerdo con sus propósitos de ensanchar su Reino en este mundo. Por lo tanto, no solo contiene un perfil de sus ministros, pero también tiene advertencias, demandas, promesas y correcciones.

Hay un pasaje bíblico que era para el pueblo disperso de Israel en el contexto de una terrible decadencia de líderes-pastores que debían apacentarlo de acuerdo con los parámetros de Dios. Este pasaje contiene una promesa de esperanza, mencionando que el pueblo llegaría a tener pastores diferentes y dedicados, conforme al corazón de Dios. Dice la Escritura: "…Y os daré pastores según mi corazón, que os apacienten con ciencia y con inteligencia…" (Jeremías 3:15).

Pastores

De por sí, la palabra pastor tiene un significado, es un título, es una profesión, y un estatus. Este nombre va acompañado de una vocación y de una estructura jerárquica, y se trata de alguien que ocupa un lugar muy especial dentro de un círculo determinado.

En el círculo eclesiástico este título representa más que un simple título, es una categoría que representa a Dios en su cuidado por su iglesia, su comunidad. Es la expresión del amor de Dios para "salvar y cuidar lo que se había perdido".

Este nombre, cuando es otorgado al ser humano, define a una persona como elegida, llamada por Dios para un ministerio en su representación. En el Antiguo Testamento este nombre era atribuido solamente al Señor, "El Gran Pastor", en referencia directa al Salmo 23 y Juan 10:11 en el Nuevo Testamento. Por lo tanto, poseer este título es un honor, un privilegio y una muestra de honra de parte de Dios a quién él llama para este ministerio. Por tanto, ser llamado de Dios, escogido con un propósito, tiene dos connotaciones poderosas: Es el representante, y por consecuencia el que está en lugar de "el Buen Pastor"; y cumple la función, tanto la tarea como la misión. La tarea consiste en cuidar, preservar, alimentar, mientras que la misión consiste en multiplicar, reproducirse, cumplir el propósito de "ser rebaño".

Dentro del contexto de la Iglesia del Nazareno es provista una clara definición de quién es un pastor dentro de la organización. También y detalladamente son descritas sus funciones administrativas, pastorales y espirituales. El párrafo 514 del *Manual* dice:

El pastor. Un pastor es un presbítero o ministro licenciado en preparación para la ordenación como presbítero quien, bajo el llamado de Dios y su pueblo, tiene la responsabilidad de supervisar una iglesia local. El pastor de una iglesia local es un ministro asignado.[1]

Según mi corazón

El privilegio de ser pastor tiene demandas. Cuando el profeta proclamó en nombre de Dios que serían "conforme a mi corazón", tiene dos connotaciones muy importantes. La primera se refiere a lo que Él, Dios, puede hacer en los corazones. En referencia directa al ministerio de Cristo y el día del Pentecostés, de "escribir las leyes en su mente y corazón". Esto significa convertir la Palabra y ministerio de Dios otorgado a nosotros, en un estilo de vida. No es un ministerio circunstancial, sino definitivo; es parte de nuestra vida, nuestro todo.

En segundo lugar, es el compromiso a ser íntegro, leal, consciente de que ese título le pertenece a Dios y que es otorgado a la persona para que lo lleve a cabo santamente. El ministerio debe ser transparente,

---

[1] *Manual de la Iglesia del Nazareno, 2017-2021,* Lenexa, KS: Casa Nazarena de Publicaciones 2018, Párrafo 514.

sirviendo por el llamado y no por una intención o beneficios propios. Es por esta razón que el ministerio es sacrificial, también proporciona muchas bendiciones, pero pudiera hasta costar su propia vida.

En tercer lugar, el énfasis de esta frase es Dios quien los dará. Esto implica el llamado y lo complementa conforme a su corazón. Dios ya tiene un perfil, por lo que cualquiera que tome este ministerio sin un llamado de Dios, tendrá la tendencia a falsificar el perfil o las atribuciones de un verdadero pastor llamado por Dios.

Algunos optan por ser pastores porque creen, según su perspectiva, que con una buena estrategia pueden desarrollar una "iglesia". El peligro con este y otros conceptos mal fundamentados es que terminan haciendo clubs o eventualmente empresas de negocios personales y familiares.

Definitivamente cualquiera puede llamarse pastor, pero solo califica alguien que ha sido llamado, aprobado y sellado por Dios. Por lo tanto, en el ministerio sacerdotal de la iglesia está implícito todo tipo de ministerio, pero el de pastor es uno de los que ocupa un lugar especial, debido a que de este se derivan todos los ministerios.

Apacienten

Los depredadores siempre han sido y serán una realidad en cada época y circunstancia de la vida. Nadie podrá apacentar con excelencia si no tiene la visión de lo que significa ser pastor, sin la pasión de lo que representa esta misión sacrificial y sin la vocación, la abnegación y el conocimiento para lograr efectividad en este ministerio.

Apacentar también representa cuidar el alimento y el agua que las ovejas deberán consumir. Por lo tanto, esta función requiere responsabilidad, preparación disciplinada, conocimiento intencional y discipulado inteligente.

En el sentido estricto, la palabra "apacentar" describía la labor de un pastor; esta consistía en cuidar a sus ovejas en campo abierto, en donde estaban expuestas a cualquier depredador y cualquier peligro de la geografía donde eran apacentadas. Metafóricamente, esta función pastoral consiste en cuidar ampliamente la vida del creyente en su relación con

Dios. Denota un discipulado de por vida que puede ser aplicado en cada circunstancia que se presente.

En tiempos de pandemia, como los que nos tocan vivir al tiempo de preparar este libro, "apacentar" cobra un significado muy especial ya que los púlpitos y templos son las salas de nuestros hogares. Muchos templos pueden estar vacíos, pero los medios de comunicación pueden servir para llegar al corazón de la congregación. En algunos casos muy particulares es posible que no se cuente con tales opciones; de ser así, la iglesia del Señor seguirá fortaleciéndose de acuerdo con las bases que fueron puestas antes de que todo esto sucediera.

Creo que es oportuno mencionar que muchos se lamentan en estos tiempos porque, quizá, no pusieron bases suficientemente sólidas como para que el rebaño sea preservado. En este sentido, es importante aprender la lección de no perder tiempo con tantas actividades y poca nutrición.

Con conocimiento

La definición sencilla de conocimiento es ciencia. En todo el Antiguo Testamento esta palabra tenía mucha vigencia debido a las decisiones que las personas necesitan hacer. En la promesa del Señor es que los pastores, literalmente, sabrían qué hacer.

Este conocimiento tiene que ver con la percepción, que incluye la vista, el oído, el tacto y por supuesto, con el discernimiento. Esta capacidad del pastor tiene dos fuentes; primero, la presencia del Espíritu Santo en su vida; y segundo, la disciplina en la constancia de meditar en la Palabra. Si un pastor quiere enseñar acerca de Dios, deberá conocerlo en esas dos dimensiones, por su experiencia personal al vivir el Espíritu Santo en él y por lo que su Palabra enseña.

Según W. E. Vine, en el *Diccionario Expositivo de Palabras del Antiguo Testamento*, "conocimiento" tiene tres dimensiones, "percepción mediante la vista, el tacto o el oído"; también puede significar "reconocer, como una especie de percepción intelectual", y un tercer significado, "que uno aprende y puede expresar".[2]

Estrictamente, la palabra "conocer" incluye saber de todo y por todo. Al referirnos a la labor del pastor, es importante mencionar que consiste en una tarea integral e integrada. Integral porque abarca todo el ser, e integrada porque somos seres con mente, alma y cuerpo; reconociendo también que somos seres sociales y nos desarrollamos dentro de un círculo. En palabras más sencillas podemos afirmar que el pastor-líder, sabe lo que está haciendo y para qué lo está haciendo.

Con inteligencia

La inteligencia es la capacidad de discernimiento para avanzar lo que se emprende. Según el diccionario de Wikipedia,

> La inteligencia se ha definido de muchas maneras, incluyendo: la capacidad de *lógica, comprensión, autoconciencia, aprendizaje, conocimiento emocional, razonamiento, planificación, creatividad, pensamiento crítico y resolución de problemas. En términos más generales, se puede describir como la capacidad de percibir o inferir información, y retenerla como conocimiento para aplicarlo a comportamientos adaptativos dentro de un entorno o contexto.*[3]

El pastor necesita ser un estratega. Liderar a personas es complicado, especialmente si no se tiene la capacidad de organizar, administrar y mantener una organización. Y en este punto es importante recordar que la iglesia del Señor es un organismo viviente. De aquí la idea del término pastor-líder que, en consecuencia, nos lleva a hablar de un liderazgo pastoral.

La promesa del Señor de darle a la iglesia pastores "según su corazón, que los apacienten con ciencia y con inteligencia…" es completa. ¿Por qué? Porque los estándares, perfiles y descripciones de un siervo de Dios son altos y requiere la excelencia. Esto en algunos pudiera generar

---

2　W. W. Vine, *Diccionario expositivo de palabras del Antiguo Testamento;* en el sitio *https://willie75.files.wordpress.com/2013/08/diccionario-w-e-vine-espanol.pdf*
3　*https://es.wikipedia.org/wiki/Inteligencia*

dudas sobre el ministerio, por lo que es necesario hacer énfasis en el llamado. Cuando Dios llama, capacita, entrena, da visión y nos pone muy clara su misión. Pero, el siervo tiene responsabilidad de responder con inteligencia, disciplina, sacrificio y pasión. La clave de un liderazgo pastoral efectivo dependerá del llamado por parte de Dios y de la excelencia de parte del hombre.

En el curso de "Liderazgo" que ofrece el programa ENTE Online, el temario es muy certero en cuanto al desarrollo del carácter de los líderes y su diseño es:

1. La PASIÓN del líder está fundamentada en la teología del ministerio.

2. El PODER del líder está arraigado en la búsqueda de ser como Cristo.

3. El PROPÓSITO del líder está enfocado en preparar efectivamente el Cuerpo de Cristo —el Pueblo de Dios— para la misión y el ministerio.

4. El PLAN del líder es parcial con la formación de espiritualidad y la transformación de la congregación.

5. La PRUEBA del líder se refleja en el crecimiento cualitativo del grupo que dirige.[4]

La *pasión* motiva, el *poder* impulsa, el *propósito* define, el *plan* determina, la *prueba* fortalece. No hay nada más importante para el pastor-líder que su compromiso con el que lo llamó y lo envió para representarlo en la tarea que nace en el corazón del que envía: El Señor.

---

4   *Curso ministerial Liderando el pueblo de Dios;* ENTE online (Educación Nazarena Teológica Especializada). *https://nazarene.org/es/nazarenosuscan/ente-online*

EL ESPÍRITU SANTO EN LA VIDA DEL LÍDER

Por Roberto Hodgson

La profesión de fe cristiana cree y declara la doctrina del Dios trino: Padre, Hijo y Espíritu Santo. "Creemos en el Espíritu Santo, la Tercera Persona de la Divina Trinidad, que está siempre presente y eficazmente activo en la Iglesia de Cristo y juntamente con ella, convenciendo al mundo de pecado, regenerando a los que se arrepienten y creen, santificando a los creyentes y guiando a toda verdad la cual está en Jesucristo" (*Manual Iglesia del Nazareno,* edición 2017-2021).

El Espíritu Santo es indispensable en la vida del creyente. Los líderes necesitamos ministrar en la unción fresca del poder del Espíritu para cumplir con el llamado de Dios de guiar a su pueblo. Me da la impresión de que muchos líderes y creyentes sabemos y creemos acerca de las doctrinas básicas del Espíritu Santo, pero posiblemente no le hemos conocido y experimentado como debiéramos.

Mi deseo es que, al citar algunas experiencias de personajes en la Biblia y referencias de siervos que han vivido bajo la guía y el caminar maravilloso con el Espíritu Santo, nos sirvan de inspiración y fundamento para anhelar, conocer y experimentar más la presencia del Espíritu Santo en el servicio del ministerio como líderes. Para este capítulo del libro usaré como base referencias de mis libros Principios de Jesús en el Cumplimiento de la Misión y Anhelo Conocerte Más Espíritu Santo.

En el Antiguo Testamento

En el principio creó Dios los cielos y la tierra. Y la tierra estaba desordenada y vacía, y las tinieblas estaban sobre la faz del abismo, y el Espíritu de Dios se movía sobre la faz de las aguas. Y dijo Dios: Sea la luz; y fue la luz. (Génesis 1:1–3)

Desde el principio, o desde la eternidad, el Espíritu Santo está en movimiento y es cocreador con el Dios del Universo. En la era del Antiguo Testamento, Dios envió su Espíritu sobre ciertas personas para empoderarlos y que cumplieran una misión específica, para que hablaran o guiaran al pueblo de Dios. Los hombres y mujeres que Dios llamó para Su misión fueron investidos con el Espíritu Santo en sus vidas y en su liderazgo. Mencionemos algunos de los héroes de la fe en el Antiguo Testamento que recibieron la gracia especial de la unción del Espíritu de Dios. Iniciemos con Moisés:

> Dijo luego Jehová: Bien he visto la aflicción de mi pueblo que está en Egipto, y he oído su clamor a causa de sus exactores; pues he conocido sus angustias, y he descendido para librarlos de mano de los egipcios, y sacarlos de aquella tierra a una tierra buena y ancha, a tierra que fluye leche y miel… (Éxodo 3:7–8)

En una forma sobrenatural, Dios llamó a Moisés para que fuera su voz e instrumento para la liberación y para que guiara al pueblo hebreo hacia la tierra de la promesa. Jehová el Dios Todopoderoso empoderó a Moisés para que cumpliera la misión. Moisés enfrentó grandes luchas en la confrontación con el faraón de Egipto que no quiso dejar salir al pueblo hebrero. Moisés también enfrentaría múltiples y constantes desafíos con el pueblo en el peregrinaje en el desierto hacia la tierra prometida.

Los hebreros reconocerían el liderazgo de Moisés a través del empoderamiento de Dios para hacer grandes señales y maravillas ante el Faraón y el pueblo.

Dios proveyó ayuda a Moisés a través de un grupo selecto de líderes, pero era indispensable que también ellos tuvieran del mismo Espíritu que Dios le había dado. Fue así como pudieron ayudar a Moisés para llevar adelante sus labores:

> Entonces Jehová descendió en la nube, y le habló (a Moisés); y tomó del espíritu que estaba en él, y lo puso en los setenta varones ancianos; y

cuando posó sobre ellos el espíritu, profetizaron, y no cesaron. (Números 11:25)

> Habló Jehová a Moisés, diciendo: Mira, yo he llamado por nombre a Bezaleel hijo de Uri, hijo de Hur, de la tribu de Judá; y lo he llenado del Espíritu de Dios, en sabiduría y en inteligencia, en ciencia y en todo arte… (Éxodo 31:1-3)

Con la partida de Moisés, Jehová llamó a Josué como el líder sucesor para guiar al pueblo hebreo a cruzar el rio Jordán e introducirlos a la nueva heredad de la tierra prometida. Josué necesitó del mismo Espíritu que Moisés tuvo para liderar al pueblo de Israel.

> Y Josué hijo de Nun fue lleno del espíritu de sabiduría, porque Moisés había puesto sus manos sobre él; y los hijos de Israel le obedecieron, e hicieron como Jehová mandó a Moisés. Y nunca más se levantó profeta en Israel como Moisés, a quien haya conocido Jehová cara a cara; nadie como él en todas las señales y prodigios que Jehová le envió a hacer en tierra de Egipto, a Faraón y a todos sus siervos y a toda su tierra, y en el gran poder y en los hechos grandiosos y terribles que Moisés hizo a la vista de todo Israel. (Deuteronomio 34:9-12)

Después que los hebreos se establecieron en la tierra de la promesa y a la muerte de Josué, lamentablemente comenzaron a apartarse de los estatutos que Jehová les había dado a través de Moisés para que les sirvieran de guía y normativa para sus vidas religiosa y moral.

> Y se levantó después de ellos otra generación que no conocía a Jehová, ni la obra que él había hecho por Israel. Después los hijos de Israel hicieron lo malo ante los ojos de Jehová, y sirvieron a los baales. Dejaron a Jehová el Dios de sus padres, que los había sacado de la tierra de Egipto, y se fueron tras otros dioses, los dioses de los pueblos que estaban en sus alrededores, a los cuales adoraron; y provocaron a ira a Jehová. (Jueces 2:10-12)

Jehová levantaría una nueva generación de líderes investidos con el poder de Su Espíritu para gobernar y liberar a los hebreos de la opresión de los pueblos de sus alrededores. Estos líderes fueron reconocidos como los jueces del pueblo. Ellos guiaron al pueblo con la señal distintiva del Espíritu de Dios y serían reconocidos como personas con una unción especial de parte de Dios para su liderazgo. Ellas fueron personas ordinarias con el Espíritu de Dios que hicieron cosas extraordinarias. Mencionemos algunos de los jueces:

> Otoniel hijo de Cenaz, hermano menor de Caleb. Y el Espíritu de Jehová vino sobre él, y juzgó a Israel, y salió a batalla, y Jehová entregó en su mano a Cusan-risataim rey de Siria, y prevaleció su mano contra Cusanrisataim. Y reposó la tierra cuarenta años. (Jueces 3:9-11)

> Entonces el Espíritu de Jehová vino sobre Gedeón, y cuando éste tocó el cuerno, los abiezeritas se reunieron con él. (Jueces 6:34)

> Y el Espíritu de Jehová comenzó a manifestarse en él (Sansón) en los campamentos de Dan, entre Zora y Estaol… Y el Espíritu de Jehová vino sobre Sansón, quien despedazó al león como quien despedaza un cabrito, sin tener nada en su mano; y no declaró ni a su padre ni a su madre lo que había hecho. (Jueces 13:25; 14:6)

De los jueces a los reyes. En la historia de la nación de Israel ocurrió una transición que interrumpió el liderazgo de los jueces. A petición del pueblo, Dios proveyó reyes para que fuesen gobernados. Los dos primeros reyes de Israel fueron seleccionados de parte de Dios a través del profeta Samuel, e investidos del Espíritu de Jehová para liderar.

> Entonces el Espíritu de Jehová vendrá sobre ti (Saúl) con poder, y profetizarás con ellos, y serás mudado en otro hombre. Y cuando te hayan sucedido estas señales, haz lo que te viniere a la mano, porque Dios está contigo. Luego bajarás delante de mí a Gilgal; entonces descenderé yo a ti para ofrecer holocaustos y sacrificar ofrendas de paz. Espera siete días, hasta que yo venga a ti y te enseñe lo que has de hacer. Acontecio luego, que al volver él la espalda para apartarse de Samuel, le mudó Dios su corazón; y todas estas señales acontecieron en aquel día. Y cuando llegaron allá al collado, he aquí la compañía de los profetas que venía a encontrarse con él; y el Espíritu de Dios vino sobre él con poder, y profetizó entre ellos. (1 Samuel 10:6–10)

Era necesario que Saúl fuera investido del poder de Dios a través de Su Espíritu para liderar como el primer rey de Israel. Saúl tuvo que ser transformado, empezando con su corazón, para gobernar como el rey escogido por Dios. También fue necesario que el pueblo reconociera la unción especial de Dios en él. Saúl necesitó la afirmación y la certeza de que Dios le había llamado para esta asignación como rey de Israel, y que tenía que depender de la dirección del Espíritu en su liderazgo.

Lamentablemente y con el tiempo, Saúl quiso liderar con sus propias fuerzas y facultades humanas por lo que fue desechado por Dios. Nota: Esta es una lección que todo líder debemos aprender. Aunque en un momento haya recibido la llenura y unción del Espíritu Santo para la obra del ministerio, una persona pudiera empezar a depender de sus propias capacidades. Como en el caso de Saúl, los resultados serán desastrosos. Dios rechazó la autosuficiencia y desobediencia de Saúl y escogió a un nuevo rey para Israel.

> Dijo Jehová a Samuel: ¿Hasta cuándo llorarás a Saúl, habiéndolo yo desechado para que no reine sobre Israel? Llena tu cuerno de aceite, y ven, te enviaré a Isaí de Belén, porque de sus hijos me he provisto de rey. (1 Samuel 16:1)

> Entonces Jehová dijo: Levántate y úngelo, porque éste es. Y Samuel tomó el cuerno del aceite, y lo ungió en medio de sus hermanos; y desde aquel día en adelante el Espíritu de Jehová vino sobre David. Se levantó luego Samuel, y se volvió a Ramá. (1 Samuel 16:12-13)

Los profetas fueron un grupo especial de personas para guiar y ser la voz de Jehová para Su pueblo. Jehová los llamó y los empoderó con Su Espíritu para que cumplieran con la misión que les dio de confrontar, y que el pueblo regresara a vivir de acuerdo a los mandamientos de la ley de Dios. Citemos algunos de ellos:

> Entonces el Espíritu de Dios vino sobre Zacarías hijo del sacerdote Joiada; y puesto en pie, donde estaba más alto que el pueblo, les dijo: Así ha dicho Dios: ¿Por qué quebrantáis los mandamientos de Jehová? No os vendrá bien por ello; porque por haber dejado a Jehová, él también os abandonará. (2 de Crónicas 24:20)

> Acercaos a mí, oíd esto: desde el principio no hablé en secreto; desde que eso se hizo, allí estaba yo; y ahora me envió (Isaías) Jehová el Señor, y su Espíritu. (Isaías 48:16)

> Me dijo: Hijo de hombre, ponte sobre tus pies, y hablaré contigo. Y luego que me habló, entró el Espíritu en mí y me afirmó sobre mis pies, y oí al que me hablaba… La mano de Jehová vino sobre mí, y me llevó en el Espíritu de Jehová, y me puso en medio de un valle que estaba lleno de huesos… Y la gloria de Jehová entró en la casa por la vía de la puerta que daba al oriente. Y me alzó el Espíritu y me llevó al atrio interior; y he aquí que la gloria de Jehová llenó la casa. (Ezequiel 2:1-2; 37:1; 43:4-5)

El Espíritu descendió sobre los profetas para empoderarlos y asistirlos en el cumplimiento de la misión que Dios les asignó. Los profetas tuvieron la certeza que hablaban y ministraban con la unción del Espíritu. "No con ejército, ni con fuerza, sino con mi Espíritu, ha dicho Jehová de los ejércitos" (Zacarías 4:6b).

Entonces, fue dada la profecía de una nueva era del Espíritu Santo. Los profetas comenzaron a recibir el mensaje de parte de Dios que vendría una nueva dispensación del Espíritu para Su pueblo, que ocurriría después de la llegada del Mesías Redentor.

> Y este será mi pacto con ellos, dijo Jehová: El Espíritu mío que está sobre ti, y mis palabras que puse en tu boca, no faltarán de tu boca, ni de la boca de tus hijos, ni de la boca de los hijos de tus hijos, dijo Jehová, desde ahora y para siempre. (Isaías 59:21)

> Y pondré dentro de vosotros mi Espíritu, y haré que andéis en mis estatutos, y guardéis mis preceptos, y los pongáis por obra. (Ezequiel 36:27)

> Vosotros también, hijos de Sion, alegraos y gozaos en Jehová vuestro Dios; porque os ha dado la primera lluvia a su tiempo, y hará descender sobre vosotros lluvia temprana y tardía como al principio. Las eras se llenarán de trigo, y los lagares rebosarán de vino y aceite… Y después de esto derramaré mi Espíritu sobre toda carne, y profetizarán vuestros hijos y vuestras hijas; vuestros ancianos soñarán sueños, vuestros jóvenes verán visiones. Y también sobre los siervos y sobre las siervas derramaré mi Espíritu en aquellos días. (Joel 2:23-24, 28-29)

En la era del Antiguo Testamento, el Espíritu descendió únicamente sobre ciertos personajes llamados por Jehová para que cumplieran tareas específicas en Su misión. Dios prometió una nueva dispensación del Espíritu y Jesucristo confirmaría esa promesa, dando Él mismo la promesa del Espíritu Santo a sus discípulos, la Iglesia. En la nueva dispensación, el Espíritu Santo vendría sobre su pueblo sin distinción de sexo, edad, clase social, o posición de liderazgo. La promesa es para todos los creyentes en el Cristo redentor.

En el Nuevo Testamento

Dios a través de la historia de su pueblo había prometido enviar a Cristo, el Mesías quien traería el anuncio de las buenas nuevas del reino de Dios. Jesucristo recibiría la unción del Espíritu para cumplir la misión de redimir a la raza humana de su condición de pecado y muerte espiritual. Jesucristo inició la nueva dispensación del Espíritu Santo para su Iglesia de manera que ella ministrara con su unción y poder.

El Espíritu Santo fue enviado a Jesús. El Espíritu Santo fue el fiel acompañante de Jesús en el cumplimiento de la misión del reino de Dios.

> Y Jesús, después que fue bautizado, subió luego del agua; y he aquí los cielos le fueron abiertos, y vio al Espíritu de Dios que descendía como paloma, y venía sobre él. Y hubo una voz de los cielos, que decía: Este es mi Hijo amado, en quien tengo complacencia. Entonces Jesús fue llevado por el Espíritu al desierto, para ser tentado por el diablo. (Mateo 3:16-17; 4:1)

El Espíritu Santo le dio la fortaleza para enfrentar y resistir las tentaciones del diablo en el desierto y durante el resto de su ministerio.

> Las tentaciones de Satanás se enfocan en tres cosas: (1) deseos físicos, (2) posesiones y poder, y (3) orgullo (en 1 Juan 2:15-16 hallará una lista similar). Pero Jesús no cedió. Hebreos 4:15-16 dice que Jesús fue tentado en todo según nuestra semejanza, pero sin pecado. Jesús fue capaz de resistir todas las tentaciones de Satanás porque no solamente conocía las Escrituras, sino que las obedecía (Efesios 6:17).[1]

---

1 H. Orton Wiley / Paul T. Culbertson, *Introducción a la teología cristiana*, Kansas City, Missouri: Casa Nazarena de Publicaciones, 1948

Ese período en el desierto fue necesario en la preparación de Jesús para iniciar su ministerio: "Y Jesús volvió en el poder del Espíritu a Galilea, y se difundió su fama por toda la tierra de alrededor. Y enseñaba en las sinagogas de ellos, y era glorificado por todos" (Lucas 4:14-15).

Fue necesario que Jesús ministrara y enseñara bajo la dirección, el poder y la unción del Espíritu Santo. Jesús cumplió con la misión del Padre y, al mismo tiempo, dio el ejemplo de lo esencial e indispensable que es la presencia del Espíritu en el cumplimiento efectivo de la misión del reino. Con la total asistencia del Espíritu Santo, Jesús inició y culminó victoriosamente la misión redentora del Padre. Jesús, en la preparación de sus discípulos para su partida, les anticipó que el Espíritu Santo vendría sobre ellos para acompañarlos en su diario vivir y confortarlos en los momentos más difíciles de sus vidas.

> Pero yo os digo la verdad: Os conviene que yo me vaya; porque si no me fuera, el Consolador no vendría a vosotros; mas si me fuere, os lo enviaré. Y cuando él venga, convencerá al mundo de pecado, de justicia y de juicio. De pecado, por cuanto no creen en mí; de justicia, por cuanto voy al Padre, y no me veréis más; y de juicio, por cuanto el príncipe de este mundo ha sido ya juzgado. (Juan 16:7–11)

Jesús sabía lo indispensable que era para sus discípulos la presencia del Espíritu Santo en sus vidas y ministerios. El Espíritu Santo ayudaría a los discípulos a ser fieles y eficaces en el cumplimiento de la misión. Jesús enseñó una y otra vez acerca de la importancia del Espíritu Santo en la vida de sus seguidores. Jesús anhelaba que sus discípulos tuvieran lo que él tuvo durante su ministerio terrenal, la compañía del Espíritu Santo. Jesús enseñó a sus discípulos a través de una parábola cómo deberían buscar con insistencia la presencia del Espíritu Santo en sus vidas. Él les dijo que el Padre quería darles el Espíritu, pero les tocaba a ellos abrigar ese deseo ardiente en sus corazones para recibirlo:

> Y yo os digo: Pedid, y se os dará; buscad y hallaréis; llamad, y se os abrirá. Porque todo aquel que pide, recibe; y el que busca, halla; y al que llama, le abrirá. ¿Qué padre de vosotros, si su hijo le pide pan, le dará una piedra? ¿O si pescado, en lugar de pescado, le dará una serpiente? ¿O si

le pide un huevo, le dará un escorpión? Pues si vosotros, siendo malos, sabéis dar buenas dádivas a vuestros hijos, ¿cuánto más vuestro Padre celestial dará el Espíritu Santo a los que se lo pidan? (Lucas 11:9-13)

Jesús anheló que sus discípulos tuvieran el poder de la unción del Espíritu Santo. Fue por esta razón que les expresó en sus últimas palabras, poco antes de ascender al Padre:

> Pero recibiréis poder, cuando haya venido sobre vosotros el Espíritu Santo, y me seréis testigos en Jerusalén, en toda Judea, en Samaria, y hasta lo último de la tierra. Y habiendo dicho estas cosas, viéndolo ellos, fue alzado, y le recibió una nube que le ocultó de sus ojos. (Hechos 1:8-9)

En el Día de Pentecostés se cumplió la promesa de la venida del Espíritu Santo sobre los que fueron obedientes y esperaron su llegada en el Aposento Alto. Fue así como se inauguró una nueva era para la iglesia del reino de Dios. El cumplimiento de la promesa de Jesús, de enviar el Espíritu Santo a sus discípulos, fue acompañado por una serie de eventos sobrenaturales. Estos fueron el viento recio, las lenguas de fuego, hablar en otros idiomas, oír las buenas nuevas en sus propios idiomas, culminando todo esto con la salvación de tres mil personas. Estos acontecimientos son relatados en Hechos capítulos 2 y 3.

El Espíritu Santo ungió a la iglesia para predicar. Él descendió sobre la vida de sus siervos, dándoles poder para predicar las buenas noticias del reino de Dios. Los profetas como Isaías y otros más, tal como mencionamos en la sección sobre los profetas en el Antiguo Testamento, fueron empoderados por el Espíritu para proclamar el mensaje de Dios a su pueblo. Jesús, en su ministerio inaugural de la proclamación del reino de Dios, usó la profecía de Isaías para confirmar el cumplimiento en él como el Mesías de la promesa e introducir la nueva dispensación del Espíritu Santo sobre la vida de su Iglesia:

> El Espíritu del Señor está sobre mí, por cuanto me ha ungido para dar buenas nuevas a los pobres; me ha enviado a sanar a los quebrantados de corazón; a pregonar libertad a los cautivos, y vista a los ciegos; a poner en libertad a los oprimidos; a predicar el año agradable del Señor. (Lucas 14:16-19)

El Espíritu Santo es la fuente indispensable para el ministerio efectivo y fructífero. El Espíritu Santo empoderó a Jesucristo para su ministerio y la predicación. Ese mismo Espíritu llegó para estar presente en la vida de los discípulos y de la Iglesia para dar testimonio de las Buenas Nuevas del Evangelio de Jesucristo. Es notable el poder y los resultados de la primera predicación del apóstol Pedro el Día de Pentecostés:

> Sepa, pues, certísimamente toda la casa de Israel, que a este Jesús a quien vosotros crucificasteis, Dios le ha hecho Señor y Cristo. Al oír esto, se compungieron de corazón, y dijeron a Pedro y a los otros apóstoles: Varones hermanos, ¿qué haremos? Pedro les dijo: Arrepentíos, y bautícese cada uno de vosotros en el nombre de Jesucristo para perdón de los pecados; y recibiréis el don del Espíritu Santo. (Hechos 2:36–38)

Los diáconos que fueron seleccionados para ayudar con la distribución de las mesas eran llenos del Espíritu Santo. Pronto, y como en el caso de Felipe, los encontramos en el ministerio de la predicación:

> Entonces Felipe, descendiendo a la ciudad de Samaria, les predicaba a Cristo. Y la gente, unánime, escuchaba atentamente las cosas que decía Felipe, oyendo y viendo las señales que hacía. Porque de muchos que tenían espíritus inmundos, salían éstos dando grandes voces; y muchos paralíticos y cojos eran sanados; así que había gran gozo en aquella ciudad. (Hechos 8:5-8)

El apóstol Pablo tuvo el mismo empoderamiento del Espíritu Santo para la obra del ministerio y la predicación del reino de Dios.

> Porque no osaría hablar sino de lo que Cristo ha hecho por medio de mí para la obediencia de los gentiles, con la palabra y con las obras, con potencia de señales y prodigios, en el poder del Espíritu de Dios; de manera que desde Jerusalén, y por los alrededores hasta Ilírico, todo lo he llenado del evangelio de Cristo. (Romanos 15:18–19)

El Espíritu de Dios dio palabra al corazón de sus mensajeros, iluminándolos y dando su unción para que proclamen la Palabra a su pueblo. El Espíritu Santo continúa hablando hoy a través de sus siervos. Cuando Dios llama a las personas para que lleven el mensaje a su pueblo, los inviste con su Espíritu. El Espíritu afirma y empodera para la proclamación de la Palabra de Dios. Dios garantiza a los que llama que tendrán su Espíritu para enfrentar los desafíos del ministerio.

Cuando se tiene el Espíritu, no se necesita depender de estructuras o fuerzas humanas para lograr los planes de Dios en el cumplimiento de Su misión. El Espíritu es más que suficiente para ayudar a quienes están a su servicio y a su pueblo para la obra que se les ha encomendado. Las fuerzas humanas y aun las capacidades y talentos personales producen resultados, pero limitados, en comparación con lo que el Espíritu Santo puede y quiere hacer en la vida de sus siervos.

> James Harvey, uno de los colegas de ministerio de Juan Wesley, usa esta ilustración para narrar la diferencia que hizo el Espíritu Santo en el ministerio de Wesley: 'Aunque su prédica había sido como el disparo de una flecha, dependiendo de toda la fuerza y velocidad de su brazo para tensar el arco, ahora era como disparar una bala de rifle en la que toda la fuerza dependía del poder que sólo necesitaba un dedo para desencadenarlo'."[2]

El Espíritu Santo santifica inicialmente al creyente en el acto de la salvación. El Espíritu Santo santifica el corazón de la persona cuando recibe el perdón de sus pecados, purificando su corazón para una nueva naturaleza. El Espíritu habita en la persona y le da testimonio de que ha sido perdonada de sus pecados. Ahora su vida está separada para caminar y vivir en santidad.

> Pero nosotros debemos dar siempre gracias a Dios respecto a vosotros, hermanos amados por el Señor, de que Dios os haya escogido desde el principio para salvación, mediante la santificación por el Espíritu y la fe en la verdad, a lo cual os llamó mediante nuestro evangelio, para alcanzar la gloria de nuestro Señor Jesucristo. Así que, hermanos, estad firmes, y retened la doctrina que habéis aprendido, sea por palabra, o por carta nuestra. (2 Tesalonicenses 2:13-15)
>
> Pedro, apóstol de Jesucristo, a los expatriados de la dispersión en el Ponto, Galacia, Capadocia, Asia y Bitinia, elegidos según la presciencia de Dios Padre en santificación del Espíritu, para obedecer y ser rociados con la sangre de Jesucristo: Gracia y paz os sean multiplicadas. (1 Pedro 1:1–2)

---

2   Wesley L. Duewel, *Ardiendo para Dios,* Miami, Florida: Unilit, 1995.

La condición humana para recibir el Espíritu Santo es la consagración, la ofrenda de nuestros cuerpos como 'sacrificios vivos'. La parte divina es el bautismo con el Espíritu Santo, quien toma el trono vacante y pasa a ser el Señor de nuestras vidas.[3]

Los líderes debemos predicar y enseñar la doctrina de la obra del Espíritu Santo y su gracia santificadora en el creyente para que viva y camine en santidad. Hay una buena selección de escritos disponibles en la Biblioteca Digital Wesleyana de Santidad (*https://www.whdl.org/*). Estos recursos de inspiración podrán ayudar al líder en ampliar sus conocimientos sobre la maravillosa obra del Espíritu Santo.

La obra del Espíritu Santo en el líder debe manifestarse en su diario vivir. "Es natural que el líder cristiano anhele que el poder de Dios descanse sobre él y que se note en su ministerio. A menudo sientes que anhelas más poder para orar, hablar y llegar a las vidas de aquellos que atiendes en tu ministerio. Ese anhelo es dado por Dios que lo pone en tu corazón por medio del Espíritu Santo, pues quiere que le pidas y confíes más en él en lo que respecta a su poderoso ministerio a través de ti".[4]

El Espíritu es dado a los creyentes para que sus vidas reflejen su nueva naturaleza en Cristo. Los creyentes pueden caminar guiados por el Espíritu en la dimensión de la vida victoriosa. El Espíritu Santo ayuda a vivir al creyente en el llamado que Dios hace a la vida de santidad: "Sed santos porque yo soy santo" (1 Pedro 1:16). La vida guiada por el Espíritu Santo ayuda a vencer los deseos y las tentaciones del pecado.

> Digo, pues: Andad en el Espíritu, y no satisfagáis los deseos de la carne. Porque el deseo de la carne es contra el Espíritu, y el del Espíritu es contra la carne; y éstos se oponen entre sí, para que no hagáis lo que quisiereis. Pero si sois guiados por el Espíritu, no estáis bajo la ley. (Gálatas 5:16-18).

---

3   J. Lyal Calhoun, *El Espíritu en la iglesia;* Quincy, Massachusetts: The ENC Press, 1993.
4   *Ibid.,* Wesley L. Duewel.

Pues no nos ha llamado Dios a inmundicia, sino a santificación. Así que, el que desecha esto, no desecha a hombre, sino a Dios, que también nos dio su Espíritu Santo. (1 Tesalonicenses 4.7–8)

El Espíritu Santo proporciona una frescura singular. Jesús usó la figura del Espíritu como un río de agua viva refrescante para los que creen en él. El Espíritu Santo en la vida del creyente le mantendrá con una unción fresca en su caminar con el Señor y en la jornada de su cumplimiento de la misión del reino de Dios:

> En el último y gran día de la fiesta, Jesús se puso en pie y alzó la voz, diciendo: Si alguno tiene sed, venga a mí y beba. El que cree en mí, como dice la Escritura, de su interior correrán ríos de agua viva. Esto dijo del Espíritu que habían de recibir los que creyesen en él; pues aún no había venido el Espíritu Santo, porque Jesús no había sido aún glorificado. (Juan 7:37–39)

En tiempos de sequedad, **el Espíritu Santo** desciende sobre su pueblo como lluvia fresca. El Espíritu Santo es la bendición para la renovación de su pueblo. El renuevo de Dios siempre es presentado como aquel grupo que es fiel y está dispuesto a obedecer a Dios; es aquel con el cual Dios puede trabajar para llevar adelante su misión.

> Así dice Jehová, Hacedor tuyo, y el que te formó desde el vientre, el cual te ayudará: No temas, siervo mío Jacob, y tú, Jesurún, a quien yo escogí. Porque yo derramaré aguas sobre el sequedal, y ríos sobre la tierra árida; mi Espíritu derramaré sobre tu generación, y mi bendición sobre tus renuevos; y brotarán entre hierba, como sauces junto a las riberas de las aguas. (Isaías 44:2–4)

El Espíritu Santo marca una gran diferencia en las personas que lo reciben. El profeta usó la metáfora de "fertilidad y de caudal de agua", que beneficia la producción del fruto de la tierra, para ejemplificar al Espíritu Santo cuando es derramado sobre su pueblo para la bendición.

No obstante, en el caminar de la vida ministerial, el líder puede irse secando y perder la fluidez de la corriente de agua que mana del Espíritu. Efesios 5:18 dice: "Antes bien sed llenos del Espíritu". El Espíritu está disponible para llenar al creyente a fin de que esta promesa siempre sea una realidad en su vida. Tal como lo prometió el Señor Jesús, del interior del líder y por la presencia del Espíritu Santo podrán brotar ríos de aguas frescas.

> El poder espiritual es naturalmente consumido por tu ministerio. Mientras más ministres, más necesitas renovación de poder. Mientras más ocupado estés, más necesitas renovación de poder, más necesitas ser refrescado y reabastecido espiritualmente.[5]

El Dr. Phineas Bresee, uno de los fundadores de la Iglesia del Nazareno, relató lo siguiente:

> Por un buen tiempo había estado orando constantemente y clamando a Dios por algo que supliera mis necesidades, sin comprender claramente cuáles eran o cómo se podrían suplir… Al esperar y esperar en oración continua, mirando hacia el cielo, me pareció que como de la nada bajó algo como un meteoro, una bola indescriptible de luz condensada, que descendía rápidamente hacia mí. Noté que de pronto estaba muy cerca de mí y, al verla de frente, claramente me pareció oír una voz que decía: '¡Trágala, trágala!' y, en un instante, cayó sobre mis labios y rostro. Intenté obedecer el mandato. Sin embargo, me pareció que había tragado solo un poco de la luz, aunque sentí como fuego en mis labios, cuya sensación ardiente me duró por varios días. Aunque en sí mismo el incidente no tenía mayor significado, se apoderó de mí, dentro de mi corazón y ser, una condición de vida transformada, bendición, unción y gloria, como nunca antes había experimentado.[6]

Por el Espíritu, Dios revela cosas que tiene preparadas para los que le aman. Las cosas espirituales se entienden solo a través del Espíritu. El Espíritu enseña a los hijos de Dios algunos de los misterios del mundo espiritual, como lo son la salvación en Jesucristo, la fe en Dios, la esperanza después de la muerte, y las incomparables promesas de Dios. Los misterios de Dios son revelados a sus hijos y solo se pueden entender a través de una relación íntima con el Espíritu Santo. A través de su

---

5   *Ibid.*, Wesley L. Duewel, 1995.
6   Carls Bangs, *Phineas E. Bresee, Pastor del pueblo*, Kansas City, MO: Beacon Hill Press, 1995.

Espíritu Dios nos permite conocer todo lo necesario en el ámbito espiritual en nuestro caminar terrenal.

> Antes bien, como está escrito: Cosas que ojo no vio, ni oído oyó, ni han subido en corazón de hombre, son las que Dios ha preparado para los que le aman. Pero Dios nos las reveló a nosotros por el Espíritu; porque el Espíritu todo lo escudriña, aun lo profundo de Dios. Porque ¿quién de los hombres sabe las cosas del hombre, sino el espíritu del hombre que está en él? Así tampoco nadie conoció las cosas de Dios, sino el Espíritu de Dios. Y nosotros no hemos recibido el espíritu del mundo, sino el Espíritu que proviene de Dios, para que sepamos lo que Dios nos ha concedido, lo cual también hablamos, no con palabras enseñadas por sabiduría humana, sino con las que enseña el Espíritu, acomodando lo espiritual a lo espiritual. Pero el hombre natural no percibe las cosas que son del Espíritu de Dios, porque para él son locura, y no las puede entender, porque se han de discernir espiritualmente. (1 Corintios 2:9–14)

A través del Espíritu Santo adquirirá mayor conocimiento [en la Palabra de Dios] y comprensión del Señor, de su reino y de su posición en el mismo, todo lo cual es esencial. Pero usted necesita algo más. Requiere depender del Espíritu Santo para orientar su estudio y aplicar las verdades bíblicas a su vida. Jesús prometió que el Espíritu Santo nos enseñaría 'todas las cosas' (Juan 14:26; cf. 1 Corintios 2:13).[7]

El discernimiento a través del Espíritu Santo es importante para que el líder sea capaz de identificar los espíritus de enseñanzas erróneas que engañan a las personas y las quiere apartar de la verdad.

> Amados, no creáis a todo espíritu, sino probad los espíritus si son de Dios; porque muchos falsos profetas han salido por el mundo. En esto conoced el Espíritu de Dios: Todo espíritu que confiesa que Jesucristo ha venido en carne, es de Dios. (1 Juan 4:1–2)

Jesucristo prometió que el Espíritu Santo enseñaría y guiaría a la iglesia a la verdad de la fe.

> Aún tengo muchas cosas que deciros, pero ahora no las podéis sobrellevar. Pero cuando venga el Espíritu de verdad, él os guiará a toda la

---

7 J. W. Hayford, *Pueblo del Espíritu*, Miami, Florida: Editorial El Caribe, 1994.

verdad; porque no hablará por su propia cuenta, sino que hablará todo lo que oyere, y os hará saber las cosas que habrán de venir. (Juan 16:12–13)

Desde los inicios de la iglesia surgieron falsas doctrinas. El Espíritu Santo estuvo en los creyentes y en los líderes de la iglesia para probar si las enseñanzas que se impartían estaban de acuerdo con la Palabra de Dios. En estos días de mercado del pluralismo religioso, hay muchas enseñanzas cuasi-verdades de acuerdo con los intereses y criterios de sus exponentes. Es ahí donde el Espíritu ayudará al líder a discernir cuáles son las sanas doctrinas de la Biblia.

La iglesia del Señor Jesucristo cuenta con la bendición de tener a su disposición el poder del Espíritu Santo. El libro de los Hechos relata el testimonio del poder del Espíritu sobre la iglesia. En los momentos difíciles de persecución, la iglesia tuvo la certeza de que el Espíritu Santo los fortalecería y ayudaría en el cumplimiento de la misión. La Iglesia Primitiva fue guiada y acompañada por el Espíritu para avanzar la misión del reino; sus miembros estuvieron llenos de su poder.

El primer mártir que registra la historia de la iglesia fue Esteban, que estuvo "lleno de la gracia y del poder del Espíritu Santo, y hacía grandes prodigios y señales entre el pueblo" (Hechos 6:8). El Espíritu ayudó a la iglesia a cumplir con su misión de ser testigos a pesar de las circunstancias de adversidad y persecución que vivieron.

El Espíritu Santo es la fuente indispensable de poder a la iglesia para cumplir fiel y eficazmente la misión del reino. La iglesia y sus líderes tenemos que depender absolutamente del poder del Espíritu Santo para enfrentar las oposiciones de las tinieblas y avanzar el reino de Dios como lo hicieron Jesús, los apóstoles y la Iglesia Primitiva. Las biografías de los grandes siervos y siervas de Dios que han causado un impacto significativo en el establecimiento y avance de la misión de la iglesia testifican de una experiencia extraordinaria con el Espíritu Santo.

> ¡Oh, mis colegas cristianos! Necesitamos ser empapados con un nuevo derramamiento del Espíritu sobre nosotros; necesitamos que el poder de Dios descienda una y otra vez sobre nosotros, que nos embeba hasta

que podamos decir verdaderamente "no yo, sino Cristo" y sobre nuestros ministerios "no yo, sino el Espíritu de Dios".[8]

Dice el apóstol Pablo:

Por esta causa doblo mis rodillas ante el Padre de nuestro Señor Jesucristo, de quien toma nombre toda familia en los cielos y en la tierra, para que os dé, conforme a las riquezas de su gloria, el ser fortalecidos con poder en el hombre interior por su Espíritu…Y a Aquel que es poderoso para hacer todas las cosas mucho más abundantemente de lo que pedimos o entendemos, según el poder que actúa en nosotros, a él sea gloria en la iglesia en Cristo Jesús por todas las edades, por los siglos de los siglos. Amén. (Efesios 3:14–16; 20-21)

Y el Dios de esperanza os llene de todo gozo y paz en el creer, para que abundéis en esperanza por el poder del Espíritu Santo. (Romanos 15:13)

---

8   *Ibid.,* Wesley L. Duewel.

LOS LÍDERES DEBEMOS PREDICAR Y ENSEÑAR LA DOCTRINA DE LA OBRA DEL ESPÍRITU SANTO Y SU GRACIA SANTIFICADORA EN EL CREYENTE PARA QUE VIVA Y CAMINE EN SANTIDAD.

LA ORACIÓN Y EL AYUNO EN LA VIDA DEL LÍDER

Por Roberto Hodgson

La historia de la oración es la historia de grandes logros. La oración es un poder maravilloso colocado por Dios Todopoderoso en las manos de Su pueblo, que puede usarse para lograr grandes propósitos y lograr resultados inusuales.[1]

Los profetas y líderes del Antiguo Testamento fueron hombres y mujeres de oración y ayuno. Ellos tuvieron una relación íntima con Dios a través de la oración. En ocasiones especiales ejercitaron el ayuno como esencial en la búsqueda intensa del favor y la misericordia de Dios para sus vidas y el pueblo de Dios. Dios llamó a un selecto grupo de profetas para comunicar sus designios a Su pueblo.

Jesucristo en el cumplimiento de la misión del Padre modeló cuán indispensable era tener una vida de oración y ayuno; Él lideró con su ejemplo. Las narrativas de los evangelios describen la relación y la confianza que Jesús tenía con el Padre a través de la oración. Antes de iniciar su ministerio público, Jesús se sometió a un periodo extenso de ayuno y oración: "Entonces Jesús fue llevado por el Espíritu al desierto, para ser tentado por el diablo. Y después de haber ayunado cuarenta días y cuarenta noches…" (Mateo 4:1–2)

La oración fue el medio por el cual Jesús constantemente estuvo en comunión con el Padre. La oración fue esencial en su vida y ministerio para desarrollar una total dependencia con el Padre. La relación de Jesús

---

1 E.M. Bounds, *Las posibilidades de la oración, referencia en contraportada.* Buenos Aires, Argentina: Editorial Peniel, 1987

con el Padre fue una muestra de sujeción a su autoridad, quien le había enviado para cumplir la misión del reino.

Jesús caminó íntimamente con el Padre hasta los últimos momentos de su vida. Antes de ir a la cruz para la redención de la humanidad, Jesús supo a quién ir en esos momentos de agonía y dolor. Su Padre estuvo disponible y dispuesto a escucharle: "Yéndose un poco adelante, se postró en tierra, y oró que si fuese posible, pasase de él aquella hora. Y decía: Abba, Padre, todas las cosas son posibles para ti; aparta de mí esta copa; mas no lo que yo quiero, sino lo que tú" (Marcos 14:35-36). Jesús tuvo dependencia total en la voluntad del Padre.

Los apóstoles siguieron el ejemplo del Maestro y desarrollaron sus ministerios de liderazgo basados y establecidos en la oración y el ayuno. Fue así como modelaron el ejemplo de Jesús y establecieron dirección para la iglesia.

A través de la historia encontramos hombres y mujeres influyentes en la misión del reino con vidas ejemplares en la disciplina espiritual de la oración y el ayuno.

> Los grandes retos del liderazgo no se miden por la capacidad, la entereza, la disponibilidad, el conocimiento o el anhelo de servir que tenga el líder a la labor que tiene que desarrollar. Los éxitos y los logros se alcanzan cuando el líder está de rodillas; cuando dedica tiempo a conocer el anhelo de Dios [en oración y ayuno].[2]

Los profetas del Antiguo Testamento

Citemos algunos pasajes de la Biblia y observemos el ejemplo de la vida de oración y ayuno de los profetas que confiaron plenamente en el Dios Todopoderoso para ejercer el llamado de sus ministerios. Tal como leemos, ellos buscaron la presencia y dirección de Dios a través de la oración para cumplir con sus ministerios en la misión que él les encomendó.

> Entonces Moisés subió al monte, y una nube cubrió el monte. Y la gloria de Jehová reposó sobre el monte Sinaí, y la nube lo cubrió por seis días; y al séptimo día llamó a Moisés de en medio de la nube. Y la apariencia de

---

2   Rick Warren, *Liderazgo con propósito*, Miami, Florida: Editorial Vida, 2010.

la gloria de Jehová era como un fuego abrasador en la cumbre del monte, a los ojos de los hijos de Israel. Y entró Moisés en medio de la nube, y subió al monte; y estuvo Moisés en el monte cuarenta días y cuarenta noches. (Éxodo 24:15–18)

… El remanente, los que quedaron de la cautividad, allí en la provincia, están en gran mal y afrenta, y el muro de Jerusalén derribado, y sus puertas quemadas a fuego. Cuando oí estas palabras me senté y lloré, e hice duelo por algunos días, y ayuné y oré delante del Dios de los cielos. Y dije: Te ruego, oh Jehová, Dios de los cielos, fuerte, grande y temible, que guarda el pacto y la misericordia a los que le aman y guardan sus mandamientos; esté ahora atento tu oído y abiertos tus ojos para oír la oración de tu siervo, que hago ahora delante de ti día y noche, por los hijos de Israel tus siervos. (Nehemías 1:3–6)

Y Ester dijo que respondiesen a Mardoqueo: Ve y reúne a todos los judíos que se hallan en Susa, y ayunad por mí, y no comáis ni bebáis en tres días, noche y día; yo también con mis doncellas ayunaré igualmente, y entonces entraré a ver al rey, aunque no sea conforme a la ley; y si perezco, que perezca. (Ester 4:15–16).

…Yo Daniel miré atentamente en los libros el número de los años de que habló Jehová al profeta Jeremías, que habían de cumplirse las desolaciones de Jerusalén en setenta años. Y volví mi rostro a Dios el Señor, buscándole en oración y ruego, en ayuno, cilicio y ceniza. Y oré a Jehová mi Dios e hice confesión diciendo: Ahora, Señor, Dios grande, digno de ser temido, que guardas el pacto y la misericordia con los que te aman y guardan tus mandamientos. (Daniel 9:2–4)

Estos pasajes nos ayudan a entender cuan esencial fue para estos hombres y mujeres de Dios la vida espiritual disciplinada en la oración y el ayuno. Sus vidas deben servirnos de inspiración a nuestras vidas y ministerios como líderes. Cuando surgen situaciones difíciles y adversas podemos acudir a Dios y pedir su intervención tal como ellos lo hicieron. También podemos considerar la búsqueda de apoyo de parte de compañeros y personas de confianza para que se unan y pidan el favor de Dios para nuestras vidas y liderazgo, tal como lo hicieron los profetas y líderes del pueblo de Dios.

El ministerio de Jesucristo

Jesucristo antes de iniciar su ministerio público dedicó un tiempo prolongado de oración y ayuno: "Entonces Jesús fue llevado por el Espíritu al desierto, para ser tentado por el diablo. Y después de haber ayunado cuarenta días y cuarenta noches…" (Mateo 4:1-2). Después de ese periodo de oración y ayuno, observamos al Señor Jesucristo con una disciplina constante de iniciar su día en oración. El evangelio de San Marcos enmarca una de esas experiencias de su vida de oración: "Levantándose muy de mañana, siendo aún muy oscuro, salió y se fue a un lugar desierto, y allí oraba. Y le buscó Simón, y los que con él estaban; y hallándole, le dijeron: Todos te buscan. Él les dijo: Vamos a los lugares vecinos, para que predique también allí; porque para esto he venido. Y predicaba en las sinagogas de ellos en toda Galilea, y echaba fuera los demonios". (Marcos 1:35-39).

Se deduce en este pasaje que Jesucristo buscó un lugar especial "desierto" para concentrarse y evitar los distractores que podían interrumpir su conversación con el Padre. Jesús pasó tiempo especial a solas con el Padre, para meditar y afirmar su corazón en la palabra que transmitiría a sus oyentes. Las multitudes se maravillaron que Jesús predicaba con autoridad el mensaje del reino.

Jesús se fortaleció con el poder de la oración y el ayuno para confrontar a los demonios, echarlos fuera y liberar a las personas oprimidas por espíritus malignos. Jesús practicó la oración, la cual le dio la convicción de que contaba con el respaldo, poder y autoridad del Padre y del Espíritu Santo para su ministerio.

En el Evangelio de San Lucas se narra la vida devocional y de oración de Jesús en el cumplimiento de la misión. Jesús, no sólo se disciplinó para orar por las mañanas, sino también después de haber estado ministrando todo el día. En cierta ocasión pasó muchas horas enseñado a la multitud; sin duda terminó el día muy cansado. Con todo, él supo que sus fuerzas eran renovadas cuando pasaba tiempo con el Padre en oración y dándole gracias: "Pero su fama se extendía más y más; y se reunía mucha gente para oírle, y para que les sanase de sus enfermedades. Mas él se apartaba a lugares desiertos, y oraba". (Lucas 5:15-16)

Jesús y la oración para el milagro

Jesús también acostumbró a orar en público para pedir la bendición del Padre. Por ejemplo, cuando hizo el milagro de multiplicar unos pocos panes y peces para alimentar a la multitud que había ministrado. Jesús, después de un largo día, quiso completar sus enseñanzas con la acción de satisfacer una de las necesidades más básicas de las personas, el alimento:

> Entonces mandó a la gente recostarse sobre la hierba; y tomando los cinco panes y los dos peces, y levantando los ojos al cielo, bendijo, y partió y dio los panes a los discípulos, y los discípulos a la multitud. Y comieron todos, y se saciaron; y recogieron lo que sobró de los pedazos, doce cestas llenas. (Mateo 14:19-20)

Jesús invitó a sus discípulos para que le acompañaran a orar. En varias ocasiones les enseñó a sus discípulos sobre lo vital de la oración, no solo en forma individual sino también colectiva. Jesús aprovechó cada oportunidad para formarlos, ya que ellos continuarían la misión del reino y guiarían su Iglesia:

> Aconteció que mientras Jesús oraba aparte, estaban con él los discípulos; y les preguntó, diciendo: ¿Quién dice la gente que soy yo? Ellos respondieron: Unos, Juan el Bautista; otros, Elías; y otros, que algún profeta de los antiguos ha resucitado. Él les dijo: Y vosotros, ¿quién decís que soy? Entonces respondiendo Pedro, dijo: El Cristo de Dios. (Lucas 9:18-20)

La vida ejemplar de oración de Jesús impactó a sus discípulos, quienes anhelaron tener una vida de oración como la del Maestro. Al ver la dedicación y consistencia de Jesús en la oración, ellos quisieron ser como él. Es por esta razón que le pidieron que les enseñara a orar:

> … Señor, enséñanos a orar, como también Juan enseñó a sus discípulos. Y les dijo: Cuando oréis, decid: Padre nuestro que estás en los cielos, santificado sea tu nombre. Venga tu reino. Hágase tu voluntad, como en el cielo, así también en la tierra. El pan nuestro de cada día, dánoslo hoy.

Y perdónanos nuestros pecados, porque también nosotros perdonamos a todos los que nos deben. Y no nos metas en tentación, mas líbranos del mal. (Lucas 11:1-4)

Los rabinos usaron la oración para formar y cultivar la vida espiritual de sus discípulos. Jesús les dio a sus discípulos la oración ejemplar del Padre Nuestro.

> Esta oración puede ser un modelo para nuestras oraciones. Debemos alabar a Dios, orar por su obra en el mundo, orar por nuestras necesidades cotidianas y orar solicitando su ayuda en nuestros conflictos diarios. La frase "Padre nuestro que estás en los cielos" indica que Dios no solo es majestuoso y santo, sino también personal y amoroso. El primer renglón de esta oración modelo es una declaración de alabanza y dedicación a honrar el nombre santo de Dios.[3]

Jesús quiso que sus discípulos tuvieran confianza en él y con el Padre, de la misma manera que él la tuvo. "Y todo lo que pidiereis al Padre en mi nombre, lo haré, para que el Padre sea glorificado en el Hijo. Si algo pidiereis en mi nombre, yo lo haré". (Juan 14:13-14)

La exhortación de Jesús a sus discípulos para que oraran y ayunaran

En cierta ocasión un padre angustiado llevó a su hijo a los discípulos para que fuese sanado; Jesús no estaba en aquel momento con ellos. Los discípulos intentaron sanarlo, pero ellos se vieron imposibilitados e impotentes ante aquella situación.

> ¿Por qué nosotros no pudimos echarlo fuera? Jesús les dijo: Por vuestra poca fe; porque de cierto os digo, que si tuviereis fe como un grano de mostaza, diréis a este monte: Pásate de aquí allá, y se pasará; y nada os será imposible. Pero este género no sale sino con oración y ayuno. (Mateo 17:15-21)

Jesús usó esa ocasión para enfatizar ante sus discípulos lo esencial de la oración y el ayuno. Él les enseñó que la oración y el ayuno serían

---

3   *Biblia del diario vivir*, Versión electrónica de Mateo 6.9, Nashville: Editorial Caribe, 2000.

esenciales en sus vidas ministeriales y para enfrentar situaciones difíciles como la de aquel muchacho.

Jesús pasó tiempo especial a solas con el Padre. Los discípulos aprendieron del Maestro que para cumplir con la misión del reino era necesaria una vida consagrada y devota de oración y ayuno.

La vida de oración de los apóstoles

En el libro de los Hechos encontramos la vida y ministerio de la iglesia naciente en Jerusalén y la de sus líderes en el cumplimiento del mandado de Jesús: "Pero recibiréis poder, cuando haya venido sobre vosotros el Espíritu Santo, y me seréis testigos en Jerusalén, en toda Judea, en Samaria, y hasta lo último de la tierra". (Hechos 1:8)

> Entonces volvieron a Jerusalén desde el monte que se llama del Olivar, el cual está cerca de Jerusalén, camino de un día de reposo. Y entrados, subieron al aposento alto, donde moraban Pedro y Jacobo, Juan, Andrés, Felipe, Tomás, Bartolomé, Mateo, Jacobo hijo de Alfeo, Simón el Zelote y Judas hermano de Jacobo. Todos éstos perseveraban unánimes en oración y ruego, con las mujeres, y con María la madre de Jesús, y con sus hermanos. (Hechos 1:12–14).

Los discípulos aprendieron de su Maestro lo esencial de una vida de oración para buscar la presencia y dirección del Padre. En los momentos más críticos de sus vidas pudieron acudir delante del Padre, el Dios de la Misión. Cuando la iglesia estuvo amenazada y perseguida, supieron cómo orar y clamar con alabanzas al Dios de toda la creación y del universo:

> Y ellos, habiéndolo oído, alzaron unánimes la voz a Dios, y dijeron: Soberano Señor, tú eres el Dios que hiciste el cielo y la tierra, el mar y todo lo que en ello hay… Y ahora, Señor, mira sus amenazas, y concede a tus siervos que con todo denuedo hablen tu palabra, mientras extiendes tu mano para que se hagan sanidades y señales y prodigios mediante el nombre de tu santo Hijo Jesús. (Hechos 4:24, 29-30)

Los apóstoles en su ministerio y liderazgo de guiar a la iglesia pusieron en práctica todas las enseñanzas del Maestro. A medida que la iglesia crecía encontraron desafíos, como ocurrió cuando las viudas griegas se quejaron y murmuraron por la falta de atención. El caso fue presentado a los apóstoles para que solucionaran lo que tenía el potencial de fragmentar a la nueva comunidad de fe. Los apóstoles en consulta con la iglesia optaron por delegar la responsabilidad de la distribución de los alimentos a un grupo de hombres llenos del Espíritu Santo. De esta manera, los apóstoles pudieron dedicarse a la tarea más importante de su ministerio: Persistir "en la oración y en el ministerio de la palabra". (Hechos. 6:4)

La vida de oración y ayuno en la misión de la iglesia

> Ministrando éstos al Señor, y ayunando, dijo el Espíritu Santo: Apartadme a Bernabé y a Saulo para la obra a que los he llamado. Entonces, habiendo ayunado y orado, les impusieron las manos y los despidieron. (Hechos 13:2-3)

La iglesia en Antioquia ayunó y oró para buscar la dirección del Espíritu Santo en el envío de su primer equipo misionero para llevar el mensaje de Jesucristo más allá de sus fronteras. Este primer esfuerzo misionero fue organizado, y se dio bajo la clara convicción de que el Espíritu Santo guiaba a la iglesia en el cumplimiento del mandamiento de Jesucristo de llevar el mensaje hasta lo último de la tierra (Hechos 1:8).

La iglesia de Antioquía nos dejó el ejemplo de convocar y apartar tiempo para el ayuno y la oración colectiva en la iglesia local, y así buscar la dirección del Espíritu Santo cuando se toman decisiones importantes en la vida de la congregación. Este principio de ayunar y orar debe servir para encontrar la dirección del Espíritu Santo para llevar las Buenas Nuevas del Reino más allá de las fronteras de la iglesia local. Es fundamental pedir la dirección y confirmación de las personas que Dios está llamando para ir al lugar que se ha identificado. Cuando el Espíritu Santo dirige a la iglesia los resultados serán evidentes como en el caso de la propagación del Evangelio a través de los dos primeros misioneros, el apóstol Pablo y Bernabé.

Bernabé y Pablo compartieron el testimonio de su misión con el concilio de los líderes de la iglesia en Jerusalén: "Entonces toda la multitud calló, y oyeron a Bernabé y a Pablo, que contaban cuán grandes señales y maravillas había hecho Dios por medio de ellos entre los gentiles." (Hechos 15:12)

La vida de oración y ayuno de hombres y mujeres influyentes

Dios ha usado a hombres y mujeres en forma muy especial para gestar grandes avivamientos en la historia de su Iglesia. Una de las características marcadas en la vida de esos hombres y mujeres fue la disciplina espiritual de la oración y el ayuno. Ellos ministraron y descansaron en una búsqueda del favor y la unción de Dios a través del Espíritu Santo por medio de la oración y el ayuno. Estos hombres y mujeres dejaron huellas por medio del impacto que hicieron en su tiempo en el cumplimiento de la misión de Dios. Hombres de Dios como Charles G. Finney:

> Después de haber sido ordenado en 1824, celebró sus primeras reuniones regulares en un lugar de la ciudad de Nueva York, donde predicó varias semanas, pero sin resultados. Finney pasó el día siguiente en ayuno y oración y, esa noche, vino sobre él un desusado sentido de unción y poder… Durante toda la noche lo buscaron personas pidiéndole que fuera a orar con ellos, hasta ateos endurecidos que se arrepintieron y fueron salvos.[4]

Otro siervo del Señor fue el escocés Duncan Campbell, quien fue poderosamente usado por Dios para iniciar un avivamiento a las Islas Hébridas, el cual comenzó en diciembre de 1949 y continuó en los años sucesivos:

> Duncan enfrentó enconada oposición cuando empezó el ministerio en una de las islas escocesas, por cuyas sendas iba en la noche pidiendo la ayuda de Dios mientras oraba. Tres jóvenes recibieron una gran carga de oración y oraron toda la noche en sus hogares mientras que Duncan hacía lo mismo en un establo. En la tarde siguiente el poder de Dios cayó

---

4   *Ibíd.,* Wesley L. Duewel.

sobre las reuniones. Las gentes eran tan impresionadas con la convicción del Espíritu Santo que se quejaban implorando misericordia.[5]

Juan Wesley dejó un legado con su vida devocional. Wesley no sólo practicó la disciplina de la oración y el ayuno, sino también quiso que todos sus ministros vivieran la disciplina al grado de que una de las preguntas que les hacía era: "¿Han estado ayunando y orando por algunos días? Vayan al trono de gracia y perseveren ahí, la misericordia descenderá."[6]

Algunas veces asumimos que el tema de la oración y el ayuno es algo conocido y una vivencia en la vida de los ministros y líderes llamados al cumplimiento de la misión de la iglesia. La pregunta para usted y para mí es: ¿Cómo ejercer y mantener la disciplina espiritual de una vida devocional de oración y ayuno en nuestro ministerio y liderazgo? Podríamos examinarnos y concluir que una vida de oración y ayuno es una jornada continua en el ministerio. Esta disciplina espiritual no es fácil, pero debemos desearla, buscarla, obtenerla como lo ejemplificó Jesucristo y exhortó a sus discípulos: "Pero este género no sale sino con oración y ayuno". (Mateo 17:21)

---

[5] *Ibíd.*, p. 76.
[6] *Ibíd.*, p. 251

FORMANDO A SU EQUIPO DE LIDERAZGO

Por David Alberto Pérez

Un pequeño paso para un hombre, un gran salto para la humanidad" (Neil A. Armstrong).[1]

Según un estudio en Harvard, el evento más importante de la historia del siglo XX fue cuando el hombre pisó la luna el 20 de julio de 1969. Más de 600 millones de personas vieron por televisión esa increíble hazaña.

Después de su anuncio el 25 de mayo de 1961 por el presidente John Kennedy al congreso de los Estados Unidos, un equipo fue escogido para que el hombre fuese a la luna. La NASA (por sus siglas en inglés de la Administración Nacional de Aeronáutica y Espacial de los Estados Unidos –National Aeronautics and Space Administration) buscó los mejores científicos, ingenieros de aeronáutica, electrónica, informática, telecomunicaciones, química ambiental, entre miles de personas que finalmente formaron el equipo para lograr esa misión histórica.

Así como la NASA buscó cientos de profesionales de todo el mundo para llevar la misión Apolo a la luna, Jesús bajó desde el cielo y escogió a los doce. La gran diferencia era que tenían muchas imperfecciones, provenían de diferentes contextos culturales, económicos, políticos y doctrinales de aquella época; sus personalidades y temperamentos eran también muy distintos. Jesús los escogió para que anunciaran el mensaje de salvación a la humanidad.

---

1 *https://www.culturagenial.com/es/un-pequeno-paso-para-el-hombre-un-gran-salto-para-la-humanidad/*

Formar un equipo ministerial no es fácil. Tenemos que recordar que trabajamos con personas que tienen el deseo de servir al Señor, pero que en sus vidas personales enfrentan diariamente situaciones diversas que pudieran cambiar el transcurso del llamado. Ejemplos de esas situaciones incluyen enfermedades, trabajo, hijos, trámites legales, y un sinnúmero de situaciones. También es importante recordar que, como creyentes, viven un proceso de transformación y regeneración por el Espíritu Santo. Consideremos a continuación algunos consejos importantes a tener en cuenta al escoger un equipo de líderes.

Formando a su equipo: "Influencia"

"Somos deudores a cada hombre de llevarle el mensaje de salvación de la misma medida que lo hemos recibido".[2]

Jesucristo es el mejor ejemplo que podemos estudiar a la hora de escoger el equipo de trabajo ministerial. Para liderar un equipo lo primero que se necesita es un "líder". Hay muchas definiciones sobre la palabra "líder", y una de las más exactas es "influencia".

A la edad de treinta años Jesús comenzó su ministerio. Mucha gente lo siguió como resultado de su influencia en alrededor de 50 ciudades por donde anduvo (Mateo 9:35). En las orillas del mar de Galilea hizo un llamado particular a dos hermanos, Simón y Andrés, que eran pescadores, pero aquel día no habían pescado nada. Junto a ellos estaban sus socios de pesca Jacobo y Juan, hijos de Zebedeo. Cuando Jesús terminó de enseñar a la multitud, pidió a Simón y sus compañeros que navegaran para pescar mar adentro. Esos eran hombres que conocían bien el mar, por lo que la respuesta fue: "Señor, hemos pasado la noche arrojando las redes, pero no hemos pescado nada". La invitación de Jesús fue que navegaran hacia aguas más profundas. De haber sido nosotros, posiblemente hubiésemos desestimado ese pedido, pero hubo algo en Jesús que los

---

2   Phineas Bresee, citado por la superintendente general Dr. Carla Sunberg, en la Conferencia Nacional de Santidad en Malawi. *https://nazarene.org/es/article/ conferencia-en-malawi-llama-las-iglesias-buscar-la-santidad*

influyó e hizo que aquellos hombres navegaran a aguas más profundas. Simón obedeció e hizo lo que Jesús le pidió.

PRINCIPIO: Nuestra influencia moverá a otros del lugar donde se encuentran y nos seguirán a lugares donde no han pensado ir.

> Al ver esto, Simón Pedro cayó a los pies de Jesús, diciendo: ¡Apártate de mí, Señor, ¡pues soy hombre pecador! porque el asombro se había apoderado de él y de todos sus compañeros, por la redada de peces que habían hecho; y lo mismo les sucedió también a Jacobo y a Juan, hijos de Zebedeo, que eran socios de Simón. Y Jesús dijo a Simón: No temas; desde ahora serás pescador de hombres. Después de traer las barcas a tierra, dejándolo todo, le siguieron. (Lucas 5:5-11)

Después, Jesús, llamó a Mateo que estaba sentando en su escritorio de los tributos. Leemos en Mateo 9:9: "Pasando Jesús de allí, vio a un hombre llamado Mateo, que estaba sentado al banco de los tributos públicos, y le dijo: Sígueme. Y se levantó y le siguió."

Sobre el tema de influencia la página web "History Collection" destaca que realizó un estudio de los 40 nombres más influyentes de la humanidad donde el primer lugar lo tuvo Jesús. Entre los primeros cinco están:

1. Jesús
2. Albert Einstein
3. Isaac Newton
4. Leonardo da Vinci
5. Aristóteles[3]

Una de las razones para que dicho estudio calificara a Jesús como el influyente más grande de la historia es porque después de su resurrección su nombre, en los últimos 2000 años, continúa teniendo vigencia; es uno de los nombres más buscados en Google, y tiene más de 2 billones de seguidores en el mundo.

Jesús influyó en la vida de sus discípulos de diferentes maneras. Desde pasar tiempo juntos durante más de tres años, hasta comer, cantar himnos, visitar familias, presenciar milagros, enfrentar tempestades, y

---

3   *https://historycollection.com/40-of-the-most-influential-people-of-all-time/*

hasta juntos experimentar el lavado de sus pies. El tiempo que Jesús pasó con ellos marcó sus vidas con actos de amor. El Señor no solo invirtió en ellos tiempo, pero sobre todo demostró calidad humana.

Vivimos en un mundo de influencia a través de las redes, medios de comunicación y medios sociales. Estos evalúan la influencia por los seguidores que producen; pero nuestro Dios no evalúa así, Él lo hace por aquellos que hemos sido capaces de llevar a los pies de Cristo. Enfoquémonos en agradar al Padre antes que a los hombres. Tu influencia, ejemplo, testimonio, liderazgo, integridad, vida espiritual y santidad influirá al resto de tu equipo a seguirte. Recordemos que con redes sociales o sin ellas, la gente verá nuestro testimonio. Hay una exposición que como líderes tendremos con los demás y mucho más con el equipo que formemos.

PRINCIPIO: Antes de formar un equipo, examinemos primero nuestra vida personal, familiar, profesional y sobre todo espiritual. La gente ve lo que nosotros muchas veces no queremos ver.

Formando a su equipo: "Sígueme"

Las personas nos seguirán no por lo que hablamos y enseñamos solamente sino por lo que hacemos y por lo que íntimamente somos. Hay personas que por sus palabras y enseñanzas pueden ejercer un gran poder e influencia, pero en su vida personal no ejemplifican lo que predican.

"Más vale el buen nombre que las muchas riquezas". (Proverbios 22:1)

El Dr. Leonel DeLeón en este libro menciona la importancia de que los líderes tengan una vida completamente entregada a Dios y a Su Palabra; que solo así podrá brindar el mejor servicio a los demás y, en especial, a su propio equipo. Él dice:

> El pastor, tiene dos fuentes, primero, la presencia del Espíritu Santo en la vida y segundo, la disciplina en la constancia de la meditación en la Palabra. Si un pastor quiere enseñar acerca de Dios, debe conocerlo en esas dos dimensiones.

Jesús comenzó predicando a las multitudes que le comenzaron a seguir: "Arrepentíos, porque el reino de los cielos se ha acercado" (Mateo 4:17). Pero en ese proceso, Jesús se apartó buscando la voluntad del Padre. En esa búsqueda subía al monte a solas a orar para tener la confirmación del Padre en cuanto a quiénes escoger para que formaran su equipo. Cuando Él llamó a algunos de sus discípulos les dijo: "Sígueme". Fue tan poderosa esa invitación que los discípulos no dudaron en dejar sus responsabilidades para seguirlo.

Nuestro nivel de influencia atraerá a nuestros futuros líderes. Hagámonos algunas preguntas:
1. ¿Cómo está nuestra vida de santidad?
2. ¿Cómo está nuestra integridad?
3. ¿Nuestra fe?
4. ¿Nuestro compromiso con la obra local?

Lo que quiero decir es que nuestro llamado hacia los demás y en especial para formar un equipo empieza con nuestra vida personal. Lo que la gente vio en Jesús no fue solamente un mensaje práctico, simplificado con parábolas de la vida cotidiana, sino Su ejemplo y amor con el que enseñó. En comparación a las enseñanzas de los fariseos que miraban más la paja de su prójimo que la viga que tenían en sus propios ojos, o que ponían más carga a los que buscaban aliviar sus necesidades, Jesús ejemplificó el amor que proclamó.

PRINCIPIO: Tu vida debe ser una carta abierta para todos los que están a tu alrededor.

Formando a su equipo: "Dar cuentas"

En varias ocasiones en clases de liderazgo he pedido por escrito a nuestro equipo que escriban lo que consideran de mí como su pastor. Tal vez para alguno de ellos pueda que no sea un momento fácil ya que pido que sean sinceros y escriban también lo que no les gusta de mí. Creo que es saludable que puedan expresar lo que sienten y que, así como manifiestan algunas virtudes mías, puedan expresar también alguna inquietud que me permita fortalecer mi relación con ellos como pastor y amigo. Podemos pensar que esto pudiera ser contraproducente; para mí es una forma de evaluarme. Mi liderazgo empieza conmigo mismo.

Recuerdo en una ocasión todos mis líderes escribieron lindas palabras sobre mi persona y liderazgo a excepción de uno de ellos. Esa persona escribió que era un mal pastor, mal líder y otras cosas que me quitaron el sueño por varios días. Me preguntaba, ¿por qué habría escrito eso de mí? Aparentemente todo estaba bien entre nosotros. Esto puede ser una gran enseñanza ya que muchas veces podemos tener un concepto acerca de las personas que están a nuestro alrededor, pero Dios conoce el corazón. Es importante pedir a Dios que nos ayude a discernir el corazón de las personas que están a nuestro alrededor con el propósito de orar por una convivencia saludable y transparente.

La evaluación mencionada me recordó la situación de aquel pastor que llamó a la casa de uno de los hermanos de la iglesia y que contestó su hijo:

"Hola, es el Pastor…"

El hijo contestó: "¿Es usted otra vez?"

El pastor asombrado respondió: "¡Disculpa! ¿Por qué dices eso jovencito?"

El hijo contestó: "Es que mi papá siempre dice en casa: 'Es el pastor que de nuevo llama con sus cosas'."

Esta llamada con una respuesta tan incómoda puede causarnos risa; pero, al mismo tiempo, es tan reveladora que no se necesita un profeta moderno para saber qué ocurría. Un jovencito sincero manifestó inocentemente lo que su padre pensaba del pastor.

Al hermano que me evaluó como mal pastor y líder le pedí que nos reuniéramos en privado. En esa reunión, él abrió su corazón y expresó todas las razones de por qué había escrito eso en su evaluación. Su evaluación se basó en la falta de aclaración y en su interpretación de algunas de mis decisiones. Eso me ayudó a evaluar y conocer más de esa linda persona que llegó a ser un gran amigo y, con el tiempo, llamado al ministerio pastoral. Hoy y cuando lo llamo por teléfono, de vez en cuando le hago la broma de que mi llamada es para evaluarlo.

Informar constantemente como equipo es importante. En nuestra agenda ministerial tenemos fechas exactas de reuniones con cada equipo de los diferentes ministerios. Nos proponemos no cancelar ninguna de estas actividades y que todos los líderes puedan estar presentes en esas reuniones que sirven para capacitar, reportar logros y desafíos. Al informar, el equipo es ayudado a evaluar el crecimiento, plan y propósito al que fueron llamados. Esto evita que pierdan el enfoque de todo equipo y terminen socializando o buscando beneficios personales.

Estando en Galilea y después de haber predicado durante un año, Jesús eligió a setenta discípulos para enviarlos de dos en dos. Fue así como Jesús formó treinta y cinco equipos que fueran de dos en dos predicando el Reino. Al regresar, nos dice la Escritura, ellos dieron el informe de lo que les sucedió: "Volvieron los setenta con gozo, diciendo: Señor, aun los demonios se nos sujetaron en tu nombre" (leer Lucas 10:1-24).

PRINCIPIO: El resultado de rendir cuentas de nuestro trabajo produce gozo y ayuda a evaluar la estrategia.

Formando a su equipo: "Relación"

Me gusta conocer a cada integrante de mi equipo y que también cada uno de ellos me conozcan y a mi familia. Por esta razón, invito a cada uno y a toda su familia a nuestro hogar. Este principio lo hago para compartir en total libertad sobre mi vida y mi familia. En esta reunión familiar el común denominador es compartir de mi vida, logros, fracasos, victorias, frustraciones y sueños. No tengo problemas en que pregunten sobre el pasado, el presente y el futuro personal y ministerial. No escondo nada de mí. Quiero que ellos escuchen todo de mi propia persona.

Esta actividad les da la oportunidad para que ellos escojan estar con un líder que no tiene nada que esconder. He sabido de algunos que les gusta cuidar su privacidad en muchos aspectos y creo que debe ser así. Pero tiene que haber un punto de confianza donde los futuros líderes puedan experimentar tu parte humana como esposo y padre.

A cada futuro prospecto para el liderazgo o participante de un equipo pido primero que oren y ayunen para asegurarse que quieren ser parte del equipo. Segundo, pregunto si su cónyuge está de acuerdo en que pueda ser parte de un equipo en la iglesia. Este punto es muy importante ya que, creámoslo o no, podría traer alguna dificultad con el desarrollo del liderazgo dentro del equipo si el cónyuge está en desacuerdo.

Jesús preguntó a sus discípulos: "¿Quién dicen los hombres que es el Hijo del Hombre?" (Mateo 16:13-20). Las respuestas fueron distintas, pero Pedro contestó: "¡Tú eres el Cristo, el Hijo del Dios viviente!". Esa respuesta confirmó el ministerio de Pedro.

Preguntas que puede hacer a su futuro líder:
1. ¿Está de acuerdo en ser parte del equipo?
2. ¿Está de acuerdo que yo sea tu líder?
3. ¿Qué expectativas tiene de nosotros?
4. ¿Qué le parece los nombres de los demás integrantes del equipo?

La última pregunta es muy importante. Quizá se sorprendería de la respuesta que algunos podrían dar. Es posible que alguno esté de acuerdo con algunos del equipo y con otros no. Esto será una clara advertencia que lo deberá llevar a orar por ese futuro candidato. Recuerde que no estará formando equipos que a todos les guste lo mismo. Habrá personas que solo les pudiera agradar estar con personas que le caen bien o tienen su mismo parecer. Recuerde que Jesús escogió toda clase discípulos. La elección suya debe estar basada en "llamados" y no en "gustos". Los que quieren estar en un equipo de mi "gusto" pudieran terminar siendo un grupo social.

PRINCIPIO: Entre más preguntas claras y directas haga a un potencial candidato sobre por qué desea ser miembro de su equipo, mejor perspectiva y certidumbre logrará acerca de esa persona.

Formando a su equipo: "Cuidándonos entre nosotros"

Pensamiento: Una buena relación en un equipo es de suma importancia. Pero una relación espiritual con el equipo es aún mejor.

Como líderes de un equipo no podemos permitir que haya algo escondido. Los integrantes deben ser cartas abiertas ya que representan el nombre del Señor y de la iglesia en la que sirven. Por eso todo el equipo debe buscar la santidad de Dios juntos. No se puede permitir que haya pecado. Todo pecado escondido detiene el crecimiento espiritual en la persona y en el equipo al que pertenece. Hay que orar para que Dios traiga a la luz todo aquello que está escondido y no le agrada, y para que haya arrepentimiento y cambios. La historia de Acán nos proporciona un ejemplo de lo que ocurre cuando hay pecado. Él desobedeció a Dios y esto trajo consecuencias a todo el pueblo.

> Israel ha pecado, y aun han quebrantado mi pacto que yo les mandé; y también han tomado del anatema, y hasta han hurtado, han mentido, y aun lo han guardado entre sus enseres. (Josué 7:1-26)

Este pasaje nos lleva a afirmar la importancia de velar los unos por los otros en oración en el equipo. Nada debiera incomodarnos dentro del equipo.

> Y si alguno prevaleciere contra uno, dos le resistirán; y cordón de tres dobleces no se rompe pronto. (Eclesiastés 4:12)

PRINCIPIO: Mientras más unido esté el equipo menos posibilidad habrá de que se filtre satanás para dividir y destruir.

Formando a su equipo: "Honrando a tu liderazgo"

Soy hijo de pastores y conozco lo que es honrar a los que están sobre ti. Considero que es otra forma de generar influencia y que une al equipo. Por ejemplo, semanalmente me comunico con mi pastor el presbítero Rigoberto Acosta, coordinador hispano del Distrito de Virginia. En nuestra reunión hablamos, escucho consejos, ideas y sobre todo orientación. Otro mentor es mi superintendente, el Dr. Phil Fuller, del distrito de Virginia, quien por su posición y años de experiencia me aconseja con temas que son muy difíciles para mí tratarlos solo. A ambos les rindo cuenta de mi vida pastoral.

Estoy convencido en la importancia de tener un solo pastor; no dos, ni tres. Esto no quiere decir que no escuche el consejo de otros grandes ministros o amigos de ministerio. Pero es importante formar y enseñar a los equipos a reconocer la autoridad que está sobre ellos y a que sea reconocida según su llamado.

¿Puede dar los nombres de los pastores que han sido partícipes en su formación espiritual? Personalmente puedo mencionar a los pastores que me han formado desde mi infancia y hasta el día de hoy:

1. Pastores Ignacio Hernández, Víctor Peña y Ernesto Bello, de la Primera Iglesia del Nazareno, Managua, Nicaragua
2. Pastor Melquiades Santiesteban, Iglesia del Nazareno El Buen Pastor, Hialeah, Florida.
3. Pastor Francisco Palacios, Iglesia del Nazareno Templo Calvario, Miami, Florida
4. Pastor Oscar Agüero, Iglesia Jesucristo El Todopoderoso, Hialeah, Florida
5. Pastor Rigoberto Acosta, Coordinador Hispano, Distrito de Virginia

Todos ellos han sido partícipes de mi formación espiritual desde mi nacimiento, pasando por el bautismo, llamado, y dirección hasta hoy en mis más de cincuenta años de vida. Doy gracias a Dios por sus vidas porque dieron lo mejor para que yo y miles pudieran conocer de Cristo.

Pregunte a su equipo lo siguiente:
1. ¿Se acuerda de los pastores que ha tenido?
2. ¿Cómo los ha honrado?
3. ¿Les agradece por haber sido parte de su vida?
4. ¿Puede nombrar a los pastores que han sido parte de su formación?

PRINCIPIO: Enseñe a honrar y su equipo continuará honrando.

Formando a su equipo: "Oración"

"Denme cien hombres que no teman más que al pecado y no deseen más que a Dios y cambiaré el mundo". (John Wesley)[4]

La influencia de Jesús fue muy grande y tuvo muchos seguidores que lo escucharon por días. Jesús estuvo con las multitudes, pero siempre buscó tiempo para estar a solas con Su Padre y orar. Sin duda hubo varios prospectos que Jesús pudo haber escogido dentro de esas multitudes que lo seguían, ya que Juan el Bautista había tenido discípulos, al igual que de Sócrates y de varios líderes religiosos rabínicos de aquel tiempo. También hubo algunos que lo seguían con el interés de poder recibir panes y peces. Pero Jesús conoció las intenciones del corazón de la gente y supo que necesitaba escoger un equipo que aceptara la misión y que tenía que prepararlos para que fueran líderes determinados y consagrados a la comisión que les daría. Por eso buscó en oración toda una noche para escoger a su equipo de discípulos.

> Y aconteció en aquellos días que él fue al monte a orar, y pasó la noche orando a Dios. Y cuando fue de día, llamó a sus discípulos y escogió a doce de ellos, a los cuales también llamó apóstoles" (Lucas 6:12-13)

Jesucristo no escogió a esos hombres para que fueran seguidores; los escogió para que fueran discípulos. Es interesante que el término cristiano o seguidores de Cristo solo aparece tres veces en el Nuevo Testamento, mientras que discípulo aparece 260 veces. Podremos tener muchos seguidores, pero cuando se trata de saber con quienes contar, solo lo sabremos hasta el final, después que en oración confirmemos los que están comprometidos. No nos dejemos llevar solo porque están cerca de nosotros o porque tenemos buena relación con ellos; el mejor método no está en la relación que ellos tienen con nosotros, sino en la relación que ellos tienen con el Señor. Recordemos el ejemplo de aquel joven rico que quiso seguir a Jesús (Marcos 10:17-30). Conocía los mandamientos, pero tuvo otras prioridades que se antepusieron a la invitación que Jesús

---

4 https://citas.in/frases/60674-john-wesley-denme-cien-hombres-que-no-teman-mas-que-al-pecado/

le hizo. Creo que debemos orar y conocer bien a los que consideremos para que participen en nuestro equipo o para tomarlos en cuenta en alguna responsabilidad de la iglesia.

Otra observación importante antes de escoger un líder es no basarnos en el grado de amistad que tengamos con ellos. Por ejemplo, el caso de Lázaro. La biblia muestra que tenía una excelente relación de amistad con Jesús. Es más Jesús lloró por su amigo (Juan 11:28-44), pero el Señor no lo llamó a ser uno de los doce discípulos.

PRINCIPIO: Tener una buena amistad con alguien en la iglesia no significa que podría ser un buen candidato para ser líder y parte de tu equipo.

Formando a su equipo: "Sin oración"

En mis inicios pastorales le pedí a muchas personas con muchos talentos que comenzaban a llegar a la iglesia para que me ayudaran con varias tareas del ministerio. Dentro de ellas, una de las principales consistía en cuidar o dirigir a la gente. Me basé en los talentos, capacidad intelectual, dones musicales, y carisma. No contaba con muchos líderes por lo que pedí ayuda a esa persona. Llegué, inclusive, a buscar personas de otras iglesias que tenían doctrinas muy diferentes a la nuestra. No dudo que ellos tenían buenas intenciones en ayudarme, pero no descansé en la oración como para pedir al Señor que me dirigiera y me confirmara si ellos debían ser miembros de mi equipo.

El tiempo pasó y comencé a tener algunos problemas con algunos líderes que escogí. Los problemas comenzaron a surgir en disponibilidad de tiempo, ideas, estrategias, malas actitudes y temas doctrinales. Los resultados comenzaron a manifestarse en la premura de escoger otros lideres sin buscar la voluntad de Dios. Otra consecuencia fue que el crecimiento de la iglesia se detuvo por no tener acuerdos claros sobre la visión, misión y estrategia. Me sentí como el pueblo de Israel en el desierto, dando vueltas. Mis energías y tiempo los dediqué a resolver problemas. Aunque numéricamente tuvimos cierto incremento, no fue así con lo fundamental, que era la claridad en la visión y la misión.

La falta de oración me trajo muchas consecuencias no solo en lo ministerial, sino en lo personal y matrimonial. Quise formar una iglesia sin lo más importante, la oración. Como pastores transmitimos lo que somos. En mi vida personal no había oración. Me sentí frustrado, desanimado y molesto conmigo mismo. Al no tener rumbo claro comencé a cambiar estrategias tras estrategias para encontrar cuál podía ser la mejor. Eso hizo de mí una persona inconstante e insegura y sobre todo perdí el temor a Dios. No escuché los consejos que se me daban pastores que tenían años de trayectoria, ni a mis padres que pastoreaban la Iglesia del Nazareno en la ciudad de Hollywood, Florida. Mi hermano, que es pastor de la Iglesia del Nazareno en Fort Laudardale, también me aconsejó. Al no escuchar a ninguno de ellos, los deshonré como padres, hermano y como pastores.

Lo que quería era tener una iglesia grande con personas importantes a mi alrededor. Esto desató muchos problemas emocionales, espirituales y personales. Mi falta de oración e integridad no me permitió formar un buen equipo porque lo hacía en mis fuerzas. Esta actitud me afectó en lo personal y también mi vida matrimonial. Como resultado de mi falta de integridad perdí la iglesia y casi pierdo mi matrimonio.

El tiempo pasó y nuevamente el distrito de Virginia me extendió la oportunidad de reiniciar mi ministerio. Las prioridades fueron puestas en su lugar; primero, buscar en oración la dirección de Dios en todas las decisiones ministeriales. También y con mi esposa comenzamos a orar para que el Señor me diera sabiduría. Como pastor, tuve que tomar decisiones y hacer cambios, pero antes y urgentemente tuve que hacer cambios personales como, por ejemplo, desarrollar una vida de oración diaria. En esa vida de oración pude pedirle al Señor por el futuro equipo que Él me daría. Recibimos en oración nuevos desafíos, hicimos planes y cambios, y buscamos formar un equipo con el mismo corazón y sentir pastoral. Gracias a Dios, podemos afirmar que desde el inicio de la iglesia del Nazareno "Emanuel", en el norte de Virginia, formamos equipos apasionados por servir y dar lo mejor al Señor. La oración en nuestro equipo fue fundamental. No quiere decir que dejamos de tener retos como iglesia, pero la prioridad pasó a ser la oración, en la que podíamos descansar y buscar completa dirección de Dios.

PRINCIPIO: La oración debe ser lo más importante en la vida de un ministerio y de su equipo.

Formando a su equipo: "100 Días de Oración"

La Biblia enseña que Moisés tuvo la carga muy difícil de dirigir a un pueblo que se quejaba a pesar de haber salido de la esclavitud de Egipto y gozar de libertad. Él necesitaba un equipo de liderazgo que lo ayudara a llevar la carga de guiar al pueblo por el desierto. Por eso nuestra oración consiste en transmitir a nuestro equipo el mismo sentir que Dios puso en su corazón.

> Entonces descenderé y hablaré contigo allí, y tomaré del Espíritu que está sobre ti y lo pondré sobre ellos, y llevarán contigo la carga del pueblo para que no la lleves tú solo. (Números 11:17)

Antes y durante la pandemia del 2020 estuvimos orando con mi esposa para hacer ajustes y adaptaciones en la iglesia y formar equipos especialmente para el tiempo de crisis mundial que todos enfrentamos. Iniciando el mes de abril 2020 nos propusimos orar durante 100 noches seguidas por las necesidades que comenzaron a manifestarse por la pandemia, pero también para invitar a varios líderes a participar en planes y responsabilidades en la estrategia de la iglesia. Pusimos los nombres en una pared y lo mantuvimos en secreto para escoger el equipo y por las peticiones que recibíamos. Entonces vino lo más difícil de la Pandemia. Decidimos convocar a toda la iglesia para que también orase todas las noches a las 10pm, hora del este de los Estados Unidos. Decidimos convocar a la oración y a hacerlo por las redes sociales en vivo. La lista de peticiones incluía las necesidades de las personas y por los nombres de los futuros líderes.

Cuando llego el día 100 hablamos con varios de ellos y muchos de ellos nos dijeron que estaban orando para que Dios los usara en medio de la crisis que el mundo estaba viviendo y que justo llegamos nosotros con ellos para invitarlos a servir.

Ese despertar que produjo la oración en la iglesia hizo que todas las noches continuáramos la oración, la cual fue seguida por las redes sociales en vivo. El liderazgo y más hermanos comenzaron a unirse para orar; proyectando ese momento que estaríamos en oración durante 400 noches en vivo, hasta mayo de 2021. La oración produjo fe, esperanza, consuelo, fraternidad, sanidad, descanso y sobre todo unidad en nuestra congregación. Es muy probable que cuando usted lea este capítulo todavía sigamos orando todas las noches.

PRINCIPIO: ¡En tiempo de crisis podemos consagrarnos a la oración!

Formando a su equipo: "Preparación"

"Ama, bendice, ora, ayuda a todos, pero **no** trabaje con todos."[5]

Hay una realidad que debemos tener muy en claro; no todos los que están a su alrededor podrán ser miembros del equipo. Toda iglesia debería evaluar cuál debe ser el proceso para escoger a los integrantes del equipo pastoral. El Manual de la Iglesia del Nazareno, párrafo 113.11, cuando se refiere a los oficiales de la iglesia, establece las cualidades que deben tener:

> Instamos a nuestras iglesias locales a que elijan oficiales de la iglesia sólo a personas que sean miembros activos de la iglesia local que profesen la experiencia de la entera santificación, y cuyas vidas den testimonio público de la gracia de Dios que nos llama a una vida santa; que estén en armonía con las doctrinas, el gobierno y las prácticas de la Iglesia del Nazareno; y que respalden fielmente a la iglesia local con su asistencia, servicio activo, y sus diezmos y ofrendas. Los oficiales de la iglesia deben estar completamente involucrados "en hacer discípulos semejantes a Cristo en las naciones". (33, 127, 137, 141, 142.1, 145-147)

Como Iglesia del Nazareno este requisito del Manual no debiera ser pasado por alto al escoger los miembros que conformarán los equipos ministeriales.

---

5   Bernardo Stamateas, en el sitiio *http://www.stamateas.com/blog.html*.

Formando a su equipo: "Alturas"

La Biblia dice que Jesús subió al monte a orar. ¡Un primer principio es subir al monte, lo cual representa estar en alturas! Es apropiado mencionar el dicho popular: "Nadie puede llevar alguien a un lugar sin antes haber llegado primero". En ese lugar alto recibió la confirmación del Padre de los nombres de sus 12 discípulos. Como pastor y líder una de las mejores formas de escoger a nuestro equipo de trabajo es pidiéndole dirección, sabiduría y confirmación a través de la oración al Padre celestial.

Subir al monte representaba un esfuerzo físico. Jesús tenía por costumbre separarse a solas y subir a lo alto. En esa búsqueda en las alturas ocurrieron acontecimientos importantes que marcaron su vida como hombre. El subir representaba estar más arriba de las circunstancias, era hacer un esfuerzo.

Creo fervientemente en la preparación de cada líder para sobrellevar responsabilidades ministeriales en cualquier área en la iglesia. Entre esas áreas está la vida espiritual, los estudios teológicos y la disponibilidad de tiempo. Todo líder debería hacer un esfuerzo más allá de sus capacidades y tener en claro su responsabilidad y compromiso en cuanto a su llamado.

PRINCIPIO: ¡En nuestro llamado, subamos más arriba!

Formando a su equipo: "Vida Espiritual"

La responsabilidad de los que pertenecen a un equipo de trabajo ministerial es diferente a la mayoría de la congregación; especialmente cuando hablamos de la vida espiritual. Como pastores no deberíamos preocuparnos por el don, sino por la integridad espiritual de la persona. Los dones son muy importantes para un líder, pero la madurez espiritual debería ser la prioridad.

¿Cómo podemos medir la vida espiritual de una persona? No hay un medidor que pueda mostrar visualmente cómo está la vida privada de cada líder, pero sí es posible observar el compromiso cuando tiene que ver con la experiencia de la entera santificación. La Biblia enseña que "Por sus frutos los conoceréis" (Mateo 7:15-20). Antes de escoger a un líder para ser parte del equipo veamos sus frutos.

Otra forma de evaluar la vida espiritual es mediante el compromiso que el líder demuestra con las responsabilidades de la iglesia. Como por ejemplo la asistencia a los eventos que demanda búsqueda de Dios en oración, ayunos, vigilias, estudio de la Palabra, congregarse, honrar a Dios con sus bienes y lo que es justo. Estos aspectos, aunque no descifren la vida espiritual por lo menos mostrarán en parte el compromiso al llamado y deseo de conocer más del Señor. Nuestro testimonio debe ser una carta abierta a los demás.

En las cartas a Timoteo, el apóstol Pablo dio consejos a su hijo espiritual enseñando las funciones y responsabilidades que los líderes de la iglesia debían tener (1 Timoteo 3; 2 Timoteo 2:14-26):

> Palabra fiel: Si alguno anhela obispado, buena obra desea. Pero es necesario que el obispo sea irreprensible, marido de una sola mujer, sobrio, prudente, decoroso, hospedador, apto para enseñar; no dado al vino, no pendenciero, no codicioso de ganancias deshonestas, sino amable, apacible, no avaro; que gobierne bien su casa, que tenga a sus hijos en sujeción con toda honestidad (pues el que no sabe gobernar su propia casa, ¿cómo cuidará de la iglesia de Dios?); no un neófito, no sea que envaneciéndose caiga en la condenación del diablo. También es necesario que tenga buen testimonio de los de afuera, para que no caiga en descrédito y en lazo del diablo. (1 Timoteo 3:2-7)

El apóstol Pablo entendió cuán importante era formar a Timoteo, no solo para que siguiera sus pasos, sino también para que enseñara a otros lo que aprendía de él. Su nombre es mencionado seis veces en Hechos; 17 veces en las epístolas paulinas, y una vez en Hebreos. Pablo tuvo tan gran estima por Timoteo que lo consideró y lo señaló como hijo y futuro sucesor.

PRINCIPIO: Todo equipo debe estar preparando para establecer otro equipo de discípulos que dé continuidad a la obra.

Formando a su equipo: "Disponibilidad"

En cierta ocasión alguien fue asignado a una responsabilidad de la iglesia, pero por razones de compromisos no estuvo al nivel de esa posición. Se ausentaba frecuentemente, pero quería continuar con su puesto. Un día me dijo: "Pastor, aunque no esté ahí usted puede contar conmigo para lo que necesite". ¿Suena muy bonito verdad? ¡Y hasta suena muy espiritual! La realidad es que usted no puede contar con alguien que no esté presente. La matemática es sencilla. Todo líder debe entender su compromiso y estar a la altura de su llamado. Debe estar presente ejerciendo su responsabilidad en su cargo. Es importante evaluar la disponibilidad de tiempo de cada integrante del equipo.

Me gusta decirles a mis líderes qué días y tiempo se espera que ellos puedan dar al ministerio semanalmente, considerando en poner en primer lugar sus familias. Haciendo así, cada uno de ellos podrá saber si estarán disponibles o no. Las prioridades deberían ser: Trabajo, familia, iglesia, vida personal, y áreas semejantes, y distribuir correctamente el tiempo. Las preguntas a cada miembro del equipo pudieran ser:

1. ¿Qué tiempo tiene para participar en todo lo relacionado a las asignaciones en su equipo?
2. ¿Qué tiempo específico brindará a la iglesia durante la semana?
3. ¿Cuáles son sus tres prioridades más importantes de tiempo?

Si alguno de ustedes quiere construir una torre, ¿acaso no se sienta primero a calcular los gastos, para ver si tiene con qué terminarla? De otra manera, si pone los cimientos y después no puede terminarla, todos los que lo vean comenzarán a burlarse de él, diciendo: "Este hombre empezó a construir, pero no pudo terminar." (Lucas 14:28)

PRINCIPIO: "Me comprometo no porque puedo, puedo porque me comprometo".[6]

---

6 Héctor Teme, "Coach ontológico", en el sitio *https://www.facebook.com/hectorteme/videos/880542452723603*.

Formando a su equipo: "Preparación Académica y Teológica"

El aspecto relacionado a "Las alturas", también podemos aplicarlo al deseo del líder en capacitarse. Programas de estudios ministeriales, entrenamientos, congresos, cursos, todo lo relacionado a la capacitación de liderazgo y teología podrá ayudar a su equipo para que pueda interpretar mejor la Palabra. Jesús estuvo tres años con sus discípulos enseñándoles los principios del reino de los cielos. Después pudo enviarlos, diciéndoles: "Vayan y hagan discípulos." Jesús no los envió para que formaran carpinteros, pescadores, herreros, ni contadores como habían sido algunos de ellos; ¡Él los envió a hacer discípulos! A veces queremos enseñar a la gente otras cosas que Jesús no enseñó. La preparación formal e informal es de suma importancia en el desarrollo del liderazgo. La lectura de un libro de capacitación inspiracional es importante, pero sobre todo debemos inculcar la Palabra de Dios.

Todo líder debe estudiar y conocer la Palabra. Esto no es requisito; es la responsabilidad más importante para transmitir la Palabra de Dios. Todo líder que desea formar e integrar un equipo debería participar en las reuniones de estudios bíblicos o de preparación. Jesús dio el mejor ejemplo de entrenar a sus discípulos.

PRINCIPIO: Entre más conozcamos a Dios más conoceremos nuestro propósito.

Formando a su equipo: "Diversidad"

En el inicio mencioné que la NASA escogió los mejores del mundo para poner al hombre en la luna. Cuenta una anécdota que uno de los senadores del Gobierno de Estados Unidos visitó el centro de lanzamiento de la Apolo 13 y una de las personas que estaba en la entrada de la base espacial haciendo la limpieza se topó con los ilustres inspectores. Uno de ellos preguntó: "¿Y usted quien es, señor?" Con su escoba en mano, la persona se paró firme y dijo: "Soy parte del equipo que pondrá al hombre en la luna."

Como pastor enseño que "todos somos importantes en un equipo". Aunque es importante la preparación eso no significa que lo es todo para ser un gran líder dentro del equipo. Lo que hace grande al líder es "su servicio".

En ocasiones algunos piensan que solo los cargos o posiciones visibles en la iglesia son los importantes, y no comprenden que un equipo está formado también de quienes se ocupan de tareas menos visibles. Como ejemplo de ello están los intercesores, los servidores, equipo de redes sociales, los maestros de escuela dominical, ujieres, los cuidadores en el estacionamiento, quienes hacen mantenimiento y cuidando de la iglesia; todos ellos pueden ser como el operario de limpieza en la estación espacial, que sentía que era parte del equipo que llevaría a los astronautas a la luna.

Como pastor es muy importante comprender la capacidad, el conocimiento y los dones que poseen los miembros del equipo. Basándose en eso y como referencia podrá facilitar el desarrollo de ellos en el contexto de la visión y misión. Siempre desafío al equipo de liderazgo diciéndole: "Haga todo lo que debe hacer, pensando siempre en ganar a otros para Cristo y discipularlos". En otras palabras, que cada uno pueda utilizar sus habilidades para el Reino del Señor y aplicarlas a las necesidades de la iglesia local.

Una forma en cómo podemos evaluar el don de nuestro equipo es haciendo preguntas tales como:

1. ¿Qué es lo que más le gusta hacer?
2. ¿Qué es lo que más llama su atención?
3. ¿Cuál es su pasatiempo favorito?
4. ¿Qué es lo que le gustaría hacer en la iglesia?

Esta serie de preguntas proporciona un perfil de la capacidad que el líder pudiera tener. Hay mucho para hacer tanto dentro como fuera de la iglesia. En este sentido, también hay que capacitar para hacer ministerio fuera de las cuatro paredes del templo. Es posible enfocarnos y hacer planes de capacitación solo para dentro de la iglesia cuando también hay mucho para poner en práctica afuera del templo, con gente que no asiste a la iglesia. Para impactar a nuestra comunidad y sociedad los líderes deberán ser capacitados. Bien menciona en este libro el pastor Diego Forero: "La única manera de medir adecuadamente una iglesia es a través de su impacto en la sociedad."

Nuestros equipos deben saber eso claramente, que el llamado de la iglesia está afuera. Dios puso en mi corazón realizar eventos evangelísticos de calidad como congresos, cenas de matrimonios, eventos de familias y congresos de liderazgo para impactar a nuestra comunidad y sociedad. Le pedí a Dios en oración que nos enviara personas claves para esos proyectos y formar un equipo para impactar nuestra ciudad a otro nivel. Dios comenzó a enviarnos productores, organizadores y directores para hacer actividades con excelencia y así formar un gran equipo. Entre ellos, Dios nos envió a tres cocineros profesionales, de entre los mejores del área metropolitana de Washington D.C. Esto nos permitió realizar actividades evangelísticas con calidad profesional.

En cuanto a la organización y consolidación local, el Señor también comenzó a enviarnos personas con un corazón servicial y de mucha sabiduría. Entre ellas hubo gente capacitada en la enseñanza, contabilidad, medios de comunicación social, adoración y obras sociales. Nos sorprendimos al ver tanto talento lleno de amor y con el deseo de servir a los demás en diferentes equipos de la iglesia. El Señor nos otorgó todo lo que habíamos pedido en oración para realizar la visión que teníamos en nuestro corazón.

Todos los que forman los diferentes equipos ministeriales son importantes. No considero que uno sea mejor que otro. y mucho menos que unos compitan con los demás. Todos saben que el llamado principal es a "servir".

La Biblia menciona que había un hombre que echaba demonios en el nombre de Jesús y que Juan quería impedírselo porque no pertenecía a su grupo, pero Jesús le dijo que no lo hiciera:

> Juan le dijo: Maestro, vimos a uno echando fuera demonios en tu nombre, y tratamos de impedírselo, porque no nos seguía. Pero Jesús dijo: No

se lo impidáis, porque no hay nadie que haga un milagro en mi nombre, y que pueda enseguida hablar mal de mí. (Marcos 9:38)

PRINCIPIO: Valoremos a todos, cualquiera sea el equipo al que pertenezcan.

Formando a su equipo: "Tus Discípulos, tu Equipo"

Hubo muchos que siguieron a Jesús; entre ellos, estuvo el grupo de los setenta (Lucas 10). De entre todos y después de haber orado, Jesús escogió a doce. Ellos fueron conocidos como apóstoles, incluyendo a Pedro, Andrés, Santiago y Juan, hijos de Zebedeo, que trabajaban como pescadores (Mateo 4:18-22). También, el Señor llamó a Mateo, llamado Leví, que había sido recaudador de impuestos para el gobierno romano, (Lucas 5:27 -29). Otro fue Judas, el tesorero, que traicionó al Señor. La Biblia no proporciona información de los oficios de Felipe, Bartolomé, Tomás, Tadeo o Santiago, el hijo de Alfeo. Más adelante encontramos a Saulo de Tarso, camino a Damasco, mientras se dirigía a arrestar los primeros cristianos. Él tuvo un encuentro con el Señor y fue escogido también para ser apóstol de los gentiles. Pablo fue también un empresario que fabricó tiendas (Hechos 18:1). No quiero dejar de mencionar a Simón, conocido como el zelote. Los zelotes se involucraron en política de su tiempo y lucharon contra las injusticias de los Romanos hacia el pueblo de Israel. Siempre me llamó mucho la atención de por qué Jesús escogió a este discípulo. Israel estaba bajo el gobierno romano y hubo problemas sociopolíticos muy fuertes en esa época.

El equipo de Jesús fue muy diverso. Si trasladáramos esa diversidad a nuestros tiempos pudiéramos decir que Jesús tuvo marineros, contadores, políticos, empresarios, todos con diferentes niveles de educación, social y económico. Todos ellos eran importantes para el tiempo que vivían y fue el equipo que escogió para que estuvieran más cerca de Él y darles la gran comisión "Vayan y hagan discípulos" (Mateo 28:19-20). Es importante observar que Jesús no escogió discípulos que se llevarían bien entre sí debido a sus ideales políticos. Ejemplo de ellos es que Mateo trabajaba para el gobierno romano como recaudador de impuestos, mientras que

Simón el Zelote quería derrocar al César y sacar al imperio romano de Israel. Esto nos demuestra la gran diversidad del equipo de Jesús. Pudo ser muy peligroso tener un equipo con personas que pensaran tan distinto una de la otra, pero el propósito de Jesús fue que cada discípulo influyera en toda la sociedad en que vivieron.

La forma de unir ese equipo y que cada uno pusiera sus diferencias a un lado fue la llenura del Espíritu Santo. Por eso Jesús, al momento de su ascensión, los envió a Jerusalén para que juntos, en el Pentecostés, esperasen la promesa del Espíritu. En ese lugar alto, otra vez un "lugar de altura", todo ese equipo diverso estaría unido en oración. El Poder de Dios derramado en sus vidas, los impulsaría a salir del aposento alto a predicar a todas las naciones.

Creo, honestamente, que si nos hubiese tocado escoger ese equipo tal vez evitaríamos algunos de ellos porque no hubieran encajado en nuestro molde de cómo debe ser un líder. Seguramente hubiésemos buscado a los que eran más espirituales, los más santos, los más ungidos. No quiero decir que no se deban buscar personas con esas características. Debemos aprender también de Jesús, que para que ellos lleguen a ese nivel deberán ser entrenados, guiados, mentoreados y empoderados.

Nuestro equipo puede ser bien diverso y eso lo hará especial porque juntos somos el cuerpo de Cristo. Diferentes, sí; pero con la dirección del Espíritu Santo lideraremos en armonía.

Es importante escoger personas moldeables, dispuestas a ser partícipes de la misión y visión de la iglesia local. Si vienen de otra iglesia, con otra doctrina o diferente formación, es importante que ellas puedan entender, aceptar y comprometerse con el equipo. En este sentido también ayuda el ejemplo de Jesús, que tuvo discípulos que lo fueron de Juan el Bautista, pero entendieron y supieron acomodarse a las enseñanzas de Jesús.

Es importante entrevistar personalmente a cada futuro líder, especialmente cuando ha llegado de otra iglesia; aún si se tratara de la misma denominación. Todos deben tomar las clases de membresía de la iglesia local. Por ejemplo, en nuestras clases de membresía explicamos los artículos de fe y la doctrina de la Iglesia del Nazareno, y todo lo concerniente al Manual y nuestra visión denominacional y local. En esas clases, las personas al concluir la preparación para la membresía firman voluntariamente un documento en el que afirman que están de acuerdo con nuestra doctrina, visión y misión de la iglesia global y local. Si en el futuro salen con ideas diferentes, con el documento en la mano les recordaremos su compromiso.

Dios, en este sentido, trabajó mucho conmigo. Algunos buenos amigos me recomendaron no incluir ciertas personas en mi equipo debido a sus temperamentos. Créame que no es fácil trabajar con personas cuyo temperamento no ha sido moldeado por el Espíritu Santo. Pero oré y pedí al Señor por paciencia y que me permitiera tener un equipo diverso, con ideas diferentes y que me enseñara a escuchar (entendía que uno de los atributos de un buen líder es saber escuchar).

Conformar un buen equipo no será fácil. Esto no quiere decir que no sea posible tenerlo. La armonía en un grupo, clave para una buena relación, es posible lograrlo. Compartir, salir, conversar de temas familiares, tener y disfrutar tiempo de recreación juntos unirá, fortalecerá y creará un buen sentir en los miembros del grupo. Conocer un poco más a cada integrante dará una mejor idea del perfil que tienen. Una cena, un juego, compartir juntos ayudará a conocerse mejor entre sí y también dará la oportunidad de orar mejor por ese compañero de equipo.

Las personas pudieran estar de acuerdo, pero no necesariamente se amarán. Es importante cultivar mutuamente el amor de hermanos. Tener acuerdos es importante, pero es aún más importante que el equipo tenga una buena relación de amor en Cristo.

PLAN ESTRATÉGICO EN EL LIDERAZGO PASTORAL

Por Leonel B. DeLeón

Una de las características inherente al ministerio del liderazgo pastoral es la capacidad de formar a otros líderes. Para lograrlo no solo se necesita tener a las personas, sino también la visión, la misión, un plan estratégico y sobre todo compromiso. Esto dará como resultado una tarea efectiva de "hacer discípulos semejantes a Cristo..." que es, en sí misma, la misión del Señor, de la iglesia y de sus líderes.

Los líderes efectivos no se desarrollan de forma automática. Para que ellos sean efectivos se requiere de varios elementos que deben conjugarse entre sí.

El logro de esas virtudes, bien conjugadas entre sí —porque son aprendidas, practicadas y compartidas—, darán como resultado un líder capaz de formar a otros líderes. El líder se forma, se hace, se labra, se construye. Las virtudes natas, conjugadas con los valores y principios que se aprenden de hombres y mujeres de éxito, dan como resultado **siervos líderes** que forman a otros a la semejanza de Jesús, quien es el Siervo Líder por excelencia.

Visión

Con el tiempo, muchos hemos acumulado abundante conocimiento sobre términos que, de alguna manera, se han convertido en conocimiento común y general. Uno de esos es la definición de visión que, dicho sea de paso, a pesar de su uso universal muchos siguen ignorando u omitiendo principios, que al no entenderlos y practicarlos, producen malas experiencias.

Visión es la capacidad de ver más allá de lo actual, hacia un futuro mejor. Esto pudiera parecer una "muletilla" o repetición sin que produzca cambios. Pero al ponerle atención cuidadosa, tiene que ver con la capacidad de planificar, y medir resultados a corto, mediano y largo plazo.

Visión es la capacidad de ver el futuro antes de que llegue a existir. De igual manera, esto implica desarrollo sostenible, planificando su continuidad, su funcionalidad y su estabilidad. Como ejemplo usaremos los planos de un arquitecto. Todo está plasmado en papel: Los planes, las proyecciones y el proyecto terminado; pero otra vez, solo en papel.

Visión es la capacidad de hacer un dibujo mental del destino. Esto es la trayectoria, su viabilidad, y funcionalidad. Es establecer una hoja de ruta, un plan estratégico y por ende un procedimiento a seguir. Los planos ya han sido elaborados; ahora toca realizar el proyecto.

Visión es la capacidad de ver algo que va a suceder como si ya existiera. Esto significa desarrollar un proceso que conlleva todo mi compromiso, toda mi energía, todo mi ser enfocado en una meta, un objetivo, que paso a paso se irá convirtiendo en una realidad. Esto es la esencia del líder, es el precio de hacer realidad el plano.

John Maxwell dice: "El valor del gran líder para cumplir su visión viene de la pasión, no de la posición. La visión viene de adentro. La visón enfrenta las necesidades de otros. La visión ayuda a conseguir recursos."[1]

Cuando no se comparte la visión

Una de las tendencias que tenemos todos los que capacitamos líderes es centrar el mayor esfuerzo, sacrificio y todos nuestros recursos en realizar la tarea. La Biblia nos ofrece muchos ejemplos de líderes que se concentraron en cumplir la tarea. Por ejemplo: Moisés se preocupó por gobernar bien y cumplir su tarea; literalmente estaba gastando su vida y llevando al pueblo hasta el límite. Esto no solo se convirtió en un problema para el momento, pero también para el mediano y largo plazo en el propósito de que el pueblo de Dios cumpliera su misión.

---

1   John C. Maxwell. *Las 21 cualidades Indispensables de un líder,* Nashville, TN: Editorial Caribe-Betania, 1999.

Dios le ordenó que sacara al pueblo, que lo guiara, gobernara en el camino y que lo introdujera a la tierra prometida. Pero, la gran limitante de Moisés es que no tomaba la iniciativa de formar a otros líderes para que le ayudaran y eventualmente fueran sus sucesores. Así lo encontramos en Éxodo capítulo 3.

Y ¿qué diríamos de Josué? ¿Acaso no fue un líder que él formó? **Absolutamente no.** Josué fue escogido por Dios; por lo que podemos afirmar que no fue iniciativa de Moisés. Más adelante veremos el gran esfuerzo de Josué para que el pueblo cumpliera con la misión que el Señor le había encomendado, y cómo también se enfocó en la tarea sin prever la continuidad y estabilidad de un pueblo con liderazgo.

Acerca de Moisés se preguntarán, ¿y lo que hizo como resultado del consejo de su suegro? Debemos reconocer que también fue algo providencial. En el contexto de este tiempo, aprendemos que los faraones no formaban líderes; sino que lo hacían los maestros de la corte. Los faraones, no escogían administradores, eran sus sacerdotes y otros líderes del reino. Entonces Moisés no tuvo ni el modelo, ni la capacitación para hacerlo: Preguntarán, ¿y qué de las capacidades que Dios da? Alguien dijo: La respuesta sería sencilla: "Dios crea la oportunidad para que seamos líderes; pero es nuestra responsabilidad aprender a ser líderes, porque Dios no controla cómo nosotros la procesamos"[2]

Dios proveyó a Moisés un Aarón, un Jetro y un Josué para que cumpliera su ministerio. Pero Moisés invirtió tanto tiempo en el pueblo que desaprovechó la oportunidad de preparar líderes. La misión de sacar al pueblo y llevarlo a una tierra que ya les pertenecía, era un recorrido de tres pasos: Convencer al Faraón, sacar al pueblo e introducirlo en la tierra. Pero el proceso para lograr esto se complicó desde el inicio, porque "faraón endureció su corazón…" (Éxodo 8:32).

El pueblo también complicó el proceso. Una vez que el faraón otorgó su autorización para que el pueblo saliera, la actitud del pueblo originó nuevos problemas. Acostumbrados a ser esclavos, a tener los beneficios

---

2   Datos recopilados por el autor de este capítulo en clases del doctorado que cursó en el Seminario Fuller, Pasadena, California.

de vivir en una nación y a tener una visión muy pobre de su realidad, le puso la tarea aún más complicada a su líder. La tarea se multiplicó en gran manera porque no solo consistió en llevar al pueblo a una tierra prometida, pero también en cambiar su actitud esclavista y de pobreza.

Si observamos este cuadro y lo traducimos a nuestro tiempo, podemos afirmar que el líder se encontrará ante desafíos de este tipo de comportamiento con los que tendrá que aprender y saber cómo lidiar. Dios estuvo de parte del pueblo y guió a Moisés, pero Moisés era el encargado de crear las estrategias y procesos de reorientación de la mentalidad de una nación y desarrollar el plan de avance para llegar a la tierra prometida. Lamentablemente tuvo tanto sobre su mesa de trabajo, que se le hizo imposible cumplir con todo.

Josué, por otra parte, se preocupó tanto por llevar al pueblo a la tierra prometida y tuvo tanto afán de conquistar que, aunque creó un ejército, no formó líderes. Otra vez, Josué fue un líder que se concentró en la tarea, y no en formar líderes.

Josué hizo un trabajo extraordinario al llevar a la gente al otro lado del Jordán. Pero al cumplir ese objetivo, ya era viejo y tuvo que dejar al pueblo. La sorpresa con la que se encontró fue que no hubo alguien que le diera seguimiento al plan de ser el pueblo escogido de Dios.

Al final y de una manera sencilla se libró de responsabilidad cuando dijo: "Hagan lo que quieran, pero yo y mi casa serviremos a Jehová" (Josué 24:15). Este ha sido un pasaje muy usado por los que quieren declarar el favor de Dios; pero en el fondo es posible descubrir la desesperación de Josué: "No sé qué hacer…, solo me resta decirles que he terminado y que me frustra saber que no quieren obedecer…" Al no formar líderes, dejó a un pueblo en anarquía; olvidando su propósito de que fuese una nación santa y apartada.

Moisés y Josué cumplieron con su tarea, pero les faltó una estrategia para dar seguimiento y consolidación a su nación. Israel necesitaba líderes sucesores capacitados en el cumplimiento efectivo de la misión. Esta objeción es posible hacerla desde nuestra perspectiva, después de ver la totalidad de la historia del pueblo de Israel. También, es la observación que se hace desde la perspectiva de un estratega, un administrador y un líder que ha experimentado las falencias de no capacitar líderes.

Muchos descubren al final del camino que algo no funcionó. Otros descubren que algo no está funcionando a medida que desarrollan un programa o su ministerio. Pero un buen estratega desarrollará un plan estratégico, medirá, calculará, proyectará y se desarrollará. Aunque la estrategia esté bien delineada con una hoja de ruta —su calendario de tiempo y una estructura de supervisión estricta—, el factor error puede ocurrir; sin embargo, siempre será menor que si no la tiene. De acuerdo con los estrategas, siempre habrá un factor de riesgo; lo sabio de un plan estratégico es que siempre esta posibilidad está contemplada. Por lo que el buen líder siempre estará dispuesto a evaluar y seguir; o, si fuese necesario, reiniciar o empezar de nuevo.

Los Jueces, por su parte, hicieron su trabajo. Dios tomó la iniciativa en llamarlos; ellos se dedicaron a hacer lo que él les pedía. Si analizamos a cada juez, veremos que se centraron en realizar su tarea, y no pensaron en la urgencia y necesidad de formar sucesores. Esto tuvo al pueblo en crisis por cientos de años. Nosotros sabemos esto por los datos registrados en la historia. Tal vez hubiésemos cometido los mismos errores. En ese momento, por alguna razón, ellos no vieron la importancia de tener un plan estratégico de sostenibilidad a largo plazo; no lo vieron como algo trascendente. Posiblemente haciendo otro estudio minucioso de la historia de Israel, pudiéramos encontrar las razones para que no lo hicieran. Pero en este espacio, aportamos estos datos que pudieran ser de utilidad para nuestro ministerio actual.

Misión

La misión, visión y estrategia permiten a los líderes tener el "plano" completo para desarrollar el ministerio. Por lo tanto, una misión bien definida, se puede estructurar dentro de la visión; para lograr que se realice se necesitará la estrategia. Hay algunos ejemplos en el Nuevo Testamento de líderes centrados en la misión y a la vez cumpliendo la tarea:

Jesús es más que un modelo conceptual de misión. Es la misión misma encarnada, que hizo de sus seguidores los comisionados. Él supo que su tiempo de ministerio sería corto. Él entendió que predicar el evangelio tendría implicaciones, incluyendo la muerte. Algo importante de notar en los datos del Nuevo Testamento es que concentró su vida, su conocimiento y su ministerio en un grupo selecto que, según su estrategia, sigue siendo la mejor hasta en nuestros tiempos. Robert E. Coleman dice "Jesús dedicó la mayor parte de la vida que le quedaba en la tierra a estos pocos discípulos. Literalmente consagró todo su ministerio a ellos."[3]

De acuerdo con el estudio de los datos que tenemos del Nuevo Testamento, en los evangelios, Él supo que no sería bien recibido, pero también que era imperiosa la necesidad de sembrar la semilla. Él supo que una estrategia del "llanero solitario" no funcionaría. Él necesitaba una estrategia: Hacer discípulos siervos-líderes. Es muy interesante notar, en la lectura y estudio de los evangelios, esta estrategia que hizo la diferencia.

El plan estratégico de Jesús, de delegación y comisión, incluía el empoderamiento espiritual. Este principio de proveer recursos para el cumplimiento de la misión estuvo muy en claro durante el ministerio de Jesús. El "otro Consolador" (Juan 14:16), era indispensable para garantizar la efectividad en el movimiento llamado "evangelización". El plan de Dios es perfecto, es un modelo conceptual, pero también orgánico, práctico contextual y efectivo.

El modelo tiene que ver con la estructura, e incluye escoger hombres y mujeres dispuestos a pagar el precio del ministerio. El plan organizacional con una estructura bien definida incluyó a doce hombres empoderados que harían lo que él inició cuando caminaba entre la gente y les enseñaba, predicaba y sanaba. Para lograr que ese modelo se desarrollara, el Espíritu Santo fue y sería clave en la vida de cada creyente para realizar esta tarea.

---

3 Robert E. Coleman, *Plan supremo de evangelización*, El Paso, Texas: Casa Bautista de Publicaciones, 2003.

Hechos 1:8 nos da todo el patrón estratégico: "Pero recibiréis poder cuando el Espíritu Santo venga sobre vosotros; y me seréis testigos en Jerusalén, en toda Judea y Samaria, y hasta los confines de la tierra."[4]

El poder del Espíritu Santo, al entrar en la vida de los discípulos, desarrollaría un movimiento imparable en el cumplimiento de la misión. Por lo tanto, una estrategia misional evangelizadora nunca será efectiva sin este factor, sin esta experiencia. El resultado de esta experiencia es "ser" testigos. El resultado es natural, consecuente de la experiencia santificadora del Espíritu Santo en la vida de los ministros. "Ser" significa tener la experiencia vivencial tanto en el mensaje como en la participación misional.

Luego ocurre la estrategia, que inicia en su círculo y se extiende a todo el mundo. Por supuesto, en cada lugar que se desarrolla el ministerio, la clave será discipular a otros para que sean también desafiados a cumplir el ministerio. De esta manera, se repetirá el mismo patrón de su círculo, para que luego ocurra en el siguiente círculo, hasta llegar al mundo entero.

Otro ejemplo del modelo de Jesús —de desarrollar una tarea centrada en la misión— fue Pablo. Este es otro líder que cumplió la tarea centrándose en la misión. Fusionó la tarea con la misión. Él siguió el modelo de Jesús, capacitando discípulos, mientras hacía la tarea.

Podemos observar su estrategia cuando comparte el legado con su discípulo Timoteo: "'Y lo que has oído de mí en la presencia de muchos testigos, eso encarga a hombres fieles que sean idóneos para enseñar también a otros.'"[5]

Primero, Pablo da un modelo antes de dar una misión. "…lo que has oído de mí…" No comisiona a sus discípulos sin tener la experiencia del "ser" primero. Un punto clave y estratégico es el liderazgo experimentado y funcional, como ocurrió con Pablo. Al leer su testimonio, en varias de sus cartas, él describe todo el proceso de su formación y el precio que pagó para cumplir con su tarea misional.

---

[4] *https://my.bible.com/bible/89/ACT.1.8.*
[5] *https://my.bible.com/bible/89/2TI.2.2.*

Segundo, el imperativo de "hacer el encargo". Encargar es comisionar, responsabilizar y empoderar a un sucesor o una persona que será complemento del equipo que se está formando. Esto conlleva responsabilidad de supervisión y seguimiento de parte de quien comisiona, como también es responsabilidad y ejecución del plan de parte de quien recibe. Por esta razón Pablo le dice a Timoteo, las cualidades o el perfil del que será comisionado.

El perfil incluye, entre otras cosas, "fidelidad", que solo se logra con el ejemplo y las vivencias en el Señor. Esto conlleva disciplina para los ejercicios espirituales, incluyendo lectura de la Palabra, oración, meditación, entrega. Aquí entra el elemento clave e indispensable de Hechos 1:8; la fidelidad es resultado de la experiencia santificadora y empoderadora del Espíritu Santo en la vida del que recibe la misión. Una persona fiel es una persona que está comprometida con el Señor, que tiene la experiencia de la gracia transformadora de Dios en su vida. Este aspecto es clave para ser un testigo de la gracia de Dios.

Otro elemento clave del perfil del comisionado es la "idoneidad", la que solo se logra a través de un compromiso decidido e inteligente del discípulo y de un discipulado intencional, sacrificial, voluntario y bíblico. Idoneidad es la capacidad y destreza que desarrolla un discípulo a través de una disciplina en el sometimiento al discipulado.

Por lo tanto, un experto en la teoría y en la práctica, que comisiona o encarga a una persona fiel y disciplinada para aprender a ser un obrero reconocido, dará como resultado un ministerio misional efectivo.

Este modelo llegó a impactar a muchos, hombres y mujeres que hicieron la gran diferencia, entre ellos Juan Wesley. Este hombre de Dios se centró en la misión y cumplió la tarea. Wesley, fue un pasito más adelante; aunque esto no significa que fue mejor que Pablo o que Jesús. Él simplemente demostró que "líderes hacen líderes". Al aprender las cualidades de cada líder y encarnar en nuestra propia vida esas características, permitirán que tengamos un liderazgo efectivo en nuestro ministerio. Por supuesto, también aprenderemos de los errores y fracasos.

Wesley encarnó el mensaje en su vida. Sin ser lleno del Espíritu Santo intentó ser un misionero, pero terminó siendo un misionero frustrado. Salió casi huyendo de Estados Unidos de América por los chismes, y tantas malas experiencias que tuvo.

Wesley fue lleno del Espíritu Santo después de reconocer que estaba vacío y que nada ni nadie lo podía ayudar. Necesitó una experiencia más grande que su propia religión. En una oración dijo: "Oh Señor, regenera a tus hijos, empezando por mí."[6]

Al tener esa experiencia empezó un movimiento como resultado de que su cosmovisión fue transformada, tanto por influencia de los moravos como por el Espíritu Santo. Fue así como comenzó la comunidad metodista. Wesley deseaba compartir un mensaje, y que este se encarnara en la realidad histórica de los oprimidos y los opresores. Wesley se negó a abandonar la Iglesia de Inglaterra, creyendo que el anglicanismo estaba «con todas sus imperfecciones, [...] más cerca de los planes bíblicos que cualquier otro en Europa».[7] En 1745 Wesley escribió que haría cualquier concesión que su conciencia le permitiera, para vivir en paz con el clero. No podía renunciar a la doctrina de una salvación interior y presente por la fe misma; él no dejaría de predicar, ni disolvería las sociedades, ni terminaría la predicación de los miembros laicos. Como clérigo de la iglesia establecida, no tenía planes de ir más allá.

Su estrategia para lograr esta influencia, fueron hombres y mujeres, discípulos que él describe: "Denme cien hombres que no temen más que al pecado y no deseen más que a Dios y cambiaré el mundo".[8] Por supuesto que esto es compromiso.

Ver la misión con urgencia, llevó a Juan Wesley a clamar al Señor diciendo: "Oh Señor, que no vivamos para ser inútiles." Esto lo hizo inspirado en lo que Jesús había dicho: "Siervos inútiles somos; hemos hecho sólo lo que debíamos haber hecho" (en referencia a Lucas 17:10).[9]

---

6   Mateo Lellevre, *Juan Wesley, su vida y su obra*, Kansas City, MO: Casa Nazarena de Publicaciones, 1979.
7   https://es.wikipedia.org/wiki/John_Wesley.
8   *Ibid.*, Mateo Lellevre.
9   *Ibid.*, Mateo Lellevre.

Estrategia

Una misión no puede ser efectiva en su realización sin tener un plan estratégico. La estrategia es una manera de hacer las cosas que deseamos. Tiene que ver con una estructura de acciones con una metodología a seguir. Ninguna misión, por muy simple que parezca, puede realizarse sin un plan de acción.

> El término estrategia es de origen griego —estrategos— o el arte del general en la guerra, procedente de la fusión de dos palabras: estratos —ejército— y agein —conducir, guiar. Por lo tanto "Una estrategia es un conjunto de acciones que se llevan a cabo para lograr un determinado fin. Estrategia: Es el proceso seleccionado mediante el cual se espera lograr alcanzar un estado futuro" —sueño, visión.[10] (Wikipedia).

Estrategia Cristiana: Como iglesia podemos pensar en el curso a seguir —entiéndase, objetivos y metas, herramientas y capacidades, a fin de lograr nuestra visión y misión. La estrategia va acompañada de un "mapa estratégico"; es decir, una organización para desarrollar un plan. Volviendo a nuestro modelo por excelencia, Jesús nos presenta una manera efectiva de hacer misión estratégica. No desestimo a los que predican en las calles y en los lugares públicos, creo que de alguna manera tiene su mérito; pero evangelizar a alguien sin discipularlo pudiera ser contraproducente para la vida del evangelizado. Con su estilo de ministerio, Jesús proporcionó un modelo de misión estratégica.

El ministerio de Jesús, como modelo de estrategia

La oración de Jesús en Juan 17, nos muestra cuatro principios fundamentales sobre el proceso de hacer discípulos.

Primero, desde el momento en que son alcanzados y convencidos con el mensaje del evangelio. Jesús oró: "A los seguidores que me diste les he mostrado quién eres. Ellos eran tuyos, y tú me los diste, y han obedecido todo lo que les ordenaste" (Juan 17:6 TLA). Mostrar quién es

---

10   *Ibid.*, Wikipedia.

Dios, es revelar el propósito del reino y el efecto transformador que tiene alguien que escucha y acude a ese llamado.

Segundo, en el proceso de tener un ministerio sostenible y efectivo. Jesús dijo: "Mientras yo estaba con ellos, los cuidé con el poder que me diste, y ninguno dejó de confiar en mí. El único que nunca creyó en mí fue Judas. Así se cumplió lo que dice la Biblia" (Juan 17:12 TLA). El acompañamiento de todo líder, como es sabido, es el ministerio más efectivo para desarrollar líderes competentes, de acuerdo con el modelo del reino.

Tercero, revelar la visión es característica de un líder efectivo. Jesús dijo: "Porque les he dado el mensaje que me diste, y ellos lo han aceptado. Saben que tú me enviaste, y lo han creído" (Juan 17:8 TLA). Un discipulado intencional, planificado y con un objetivo claro, llevará a los seguidores a creer en la visión del líder. Estos discípulos no solo supieron quién era Dios, pero también qué quería Dios.

Cuarto, un discipulado con amplio conocimiento bíblico, valores religiosos y principios administrativos no está completo sin la acción. Jesús dice: "Los envío a dar tu mensaje a la gente de este mundo, así como tú me enviaste a mí" (Juan 17:18 TLA). Ahora el ciclo se completa y la estrategia tiene sentido. Jesús está centrado en la tarea, sin olvidar cuál realmente es la misión final. El mundo debe conocer, el mundo necesita este mismo proceso para que la Palabra y el reino se amplíen en esta tierra.

Cada uno de estos aspectos fueron modelados en la vida y ministerio de Jesús sobre la tierra. Eventos y acciones que fueron documentados por los evangelios y también confirmados en la vida y ministerio del apóstol Pablo.

En resumen, podemos subrayar la importancia de movilizar a todos los creyentes al cumplimiento de la Gran Comisión. Enfatizar el poder de nuestro testimonio público. Movernos por fe (2 Corintios 8:1-5). Enfatizar el poder y la llenura del Espíritu Santo (Hechos 1:8). Cambiar nuestra mentalidad, permitiéndonos ser generosos. Trabajar con un líder, trabajar con un equipo de liderazgo clave. Empoderar a los laicos para la obra del ministerio y equiparlos con herramientas bíblicas, contextuales y prácticas. Desafiar a todos los creyentes a sacrificarse por el Reino de Dios (Hechos 5:17-42). Mantener un sistema de supervisión del trabajo en todos los niveles. Saturar todo lo que hagamos con oración y ayuno para que fluya Dios en nosotros.

Plan estratégico

Para lograr efectividad en el desarrollo de un ministerio de liderazgo pastoral, se requiere de un plan estratégico. Anteriormente mencionamos de lo que es una estrategia desde la perspectiva del ministerio de Jesús. Un plan estratégico consiste "en una estructura diseñada para lograr algo deseado. Es moverse de aquí, hacia allá, del ahora al después determinando cuáles procesos seguir en el camino con el propósito de lograr sus objetivos."

Un plan estratégico es un mapa que nos indica: Los caminos que debemos tomar y en qué orden para poder llegar al destino. Planificar es definir cómo alcanzar lo que queremos, pero con una acción estructurada, teniendo como base una visión clara y un compromiso definido para cumplir con la misión. Entonces, el plan es el proceso, es el cómo.

Un plan estratégico incluye una línea de tiempo, con la organización estructurada que incluye a los líderes que han sido capacitados, discipulados y desafiados a seguir con la visión que el Señor encomendó. Requiere establecer costos y los recursos necesarios para alcanzar con lo estructurado por el plan.

Un plan estratégico incluye metas alcanzables en cada paso del proceso, que pueden ser evaluadas, manejables y cambiables, en todo momento que no se esté cumpliendo con la visión. Esto ayuda a no centrarnos solamente en la tarea. Nos ayuda a evaluar si seguimos desarrollando la visión para lograr la misión.

Un plan estratégico incluye experiencias vividas por otros, evaluadas, rectificadas y optimizadas con el fin de aprender de los errores y enfatizar las destrezas y alcances efectivos. Es un "taller" que repara y vuelve a usar de forma más efectiva y proyectada.

La estrategia del liderazgo en tiempo de crisis

La crisis vista desde una perspectiva optimista siempre será una oportunidad para el crecimiento, descubrimiento y fortalecimiento, siempre y cuando no cause la muerte o la inutilidad de personas, factores y circunstancias. Mientras se está atravesando por este período se necesita de sabiduría, plan de acción y una buena estrategia para sobrevivir, salir adelante y encontrar utilidad al finalizar con el proceso.

La crisis en los estrategas

Me llamó mucho la atención un artículo escrito por John Dobbs, en su página de Internet, publicado el 20 de mayo del 2020 que dice:

> No quiero ser un profeta de la fatalidad, pero como ministro en contacto con muchos ministros, veo un colapso pastoral inminente. Y no estoy seguro de que podamos detenerlo. El impacto de la respuesta mundial a COVID-19 se sentirá durante muchos años. Se sentirá en cada campo profesional y en cada hogar… Desde mi perspectiva, aquellos que sirven en el ministerio están, en mi opinión, en particular peligro por varias razones.[11]

Es inquietante lo que Dobbs menciona, porque no es el único que ve esta situación en el cuerpo ministerial. Podríamos mencionar a muchos otros profesionales de la salud, tanto física como mental, hablando del colapso que han sufrido algunos ministros, que han caído en la depresión y algunos hasta han llegado a quitarse la vida. Dobbs menciona varias razones, que cito a continuación, sin los comentarios.

- Están sirviendo de maneras para las cuales no tienen entrenamiento o experiencia.
- Están haciendo lo mejor que pueden, pero no pueden seguir así.
- Están preocupados por los ministerios que no pueden operar, y no están seguros que podrán operar más adelante.

---

11 John Dobbs, "The coming pastoral crash", artículo en UISBC News, *https://uisbc.org/wp-content/uploads/2020/06/2020-05-06-eNews.pdf.*

- Están agotados. Menos recolección no equivale a menos trabajo.
- No están alimentando sus almas.
- El futuro para ellos está nublado.
- El colapso del mercado laboral y financiero afecta a las iglesias.
- No están físicamente saludables.
- Se han conformado a un horario de 7 días.
- No están dispuestos a tomarse un tiempo libre.
- No buscan la salud mental.
- Están en territorio espiritual peligroso.

Ante este grupo de realidades de la mayoría de los ministros, Dobbs presenta posibles acciones que pueden amortiguar la tragedia que esta crisis está causando:

- Los ministros primero deben comprometerse a ministrar sus propios corazones.
- Los ministros deben comprometerse a cuidarse unos a otros.

Pero existen también factores externos a ellos que pueden ser de soporte ante esta otra "pandemia ministerial". Por ejemplo: La iglesia juega un papel determinante en esta situación. Necesitamos miembros sólidos y comprometidos para ser solidarios como "grupo nuclear" eclesiástico y ser solidarios con el ministro.

También los líderes denominacionales, deben tener puntos de apoyo ministerial para apoyar a sus ministros, a los que el Señor les ha encomendado.

Los puntos de referencia bíblicos son un factor determinante en la dirección, advertencia y dirección que todo líder debe tomar en cualquier circunstancia de la vida.

Entre varios líderes, y por razones de espacio, solamente quiero hacer un análisis de las estrategias de Dios y la receptividad del hombre para lograr superar las crisis por muy agudas que éstas sean. Este análisis es otra faceta del ministerio de Moisés y Josué. El énfasis consiste en ver la manera efectiva de manejar los procesos críticos de cambio y usar cualquier circunstancia para realizar la tarea de manera efectiva.

Dios, Moisés, el pueblo de Israel y Josué

Esta historia y su análisis nos dan un punto clave de referencia para usarlo de partida para soluciones existenciales. En todo tiempo, el pueblo de Dios y los que servimos a Dios, pasamos por crisis. Este proceso para cumplir con la misión es inminente. A esto obedece que existen tantos textos de advertencia a los llamados a un ministerio. Esto en toda la historia bíblica y contemporánea ha sido una realidad y seguirá vigente hasta que sea el fin de los tiempos.

> Aconteció después de la muerte de Moisés siervo de Jehová, que Jehová habló a Josué hijo de Nun, servidor de Moisés, diciendo: Mi siervo Moisés ha muerto; ahora, pues, levántate y pasa este Jordán, tú y todo este pueblo, a la tierra que yo les doy a los hijos de Israel. Yo os he entregado, como lo había dicho a Moisés, todo lugar que pisare la planta de vuestro pie… Nadie te podrá hacer frente en todos los días de tu vida; como estuve con Moisés, estaré contigo; no te dejaré, ni te desampararé. Esfuérzate y sé valiente; porque tú repartirás a este pueblo por heredad la tierra de la cual juré a sus padres que la daría a ellos. Solamente esfuérzate y sé muy valiente, para cuidar de hacer conforme a toda la ley que mi siervo Moisés te mandó; no te apartes de ella ni a diestra ni a siniestra, para que seas prosperado en todas las cosas que emprendas. Nunca se apartará de tu boca este libro de la ley, sino que de día y de noche meditarás en él, para que guardes y hagas conforme a todo lo que en él está escrito; porque entonces harás prosperar tu camino, y todo te saldrá bien. Mira que te mando que te esfuerces y seas valiente; no temas ni desmayes, porque Jehová tu Dios estará contigo en dondequiera que vayas.[12]

El pueblo de Israel, desde su esclavitud hasta su liberación, experimentó un tiempo de crisis de identidad y de procesos de cambios de

---

12 Josué 1:1-9 RVR1960 Este texto de la Biblia es de uso común y universal, y puede que coincida con algunos comentarios o escritos que usen terminología o la estructura del pasaje, pero este estudio es producto de una exégesis y análisis de los pasajes desde la propia perspectiva del escritor.

estatus quo. Ante esas circunstancias, Dios y los líderes con visión y una misión clara acompañó al pueblo.

"Sucedió después de la muerte de Moisés, siervo del Señor, que el Señor habló a Josué, hijo de Nun, y ayudante de Moisés" (Josué 1:1). Dios respaldó y reconoció a sus líderes. Josué no fue levantado antes, sino después de la muerte de Moisés; él tuvo que aprender primero de su mentor. Este principio es el de autoridad espiritual. Nadie puede ejercer autoridad, si antes no vive bajo ella.

"El Señor habló a Josué…" Los sueños y visiones de salvación solo provienen de Dios. Es Dios quien da las órdenes de hacer las cosas. Josué era "ayudante", ministro de Moisés. Dios no le confiará sus sueños y visiones a los que no lo conocen, o no son obedientes. Josué primero aprendió a obedecer, para luego llegar allí.

Una realidad existencial

La muerte de un líder, en este caso Moisés, ante una tarea inconclusa, produce confusión, crisis y mal funcionamiento en los procesos que ya se habían establecido. El pueblo tenía patrones de liderazgo conocidos y predecibles. Por lo tanto, que otro líder asumiera la responsabilidad de seguir y terminar con la tarea, en este caso Josué, podía causar reacciones que interrumpieran el desarrollo y conclusión de la tarea encomendada. De hecho, Josué era un líder conocido por el pueblo porque había sido ayudante de Moisés. Sin embargo, en el rango de autoridad pasó de ser un "ayudante de Moisés" a ser el líder que debía completar el proceso de liberación y adquisición de la tierra prometida.

La misión de parte de Dios era muy clara: "Levántate…, cruza… conquista…" (v.1) Por el contexto conocemos que Dios había estado trabajando en el corazón del pueblo para que aceptaran a Josué como líder. Este es un punto clave y estratégico para amortiguar la crisis: La necesidad de aprobación y favor del Señor ante las circunstancias. Entonces el "levántate", es una expresión que significa que ha sido consumado el ánimo en el pueblo y que Josué hiciera su parte. Voluntariamente cumplir con el primer paso es clave. La exégesis nos refleja que "levantarse" es en espíritu, en ánimo, en sentir el impulso de Dios para lograr cumplir los otros dos pasos siguientes.

Cruzar es un acto real; el pueblo debía cruzar un río que podía causar mucho daño a los niños y al ganado. Las ovejas son lanudas y al mojarse podía causar su hundimiento y muerte. La crisis es real, el desafío es peligroso, pero la solución es posible. Se corren riesgos, pero son más las posibilidades de ganar que las de perder.

Conquistar es adquirir lo que ya les pertenece. Siglos antes esa tierra había sido adjudicada al pueblo de Israel, pero había sido invadida por grupos que tenían que ser eliminados. Esta realidad representó hacer uso de estrategias militares para triunfar. Pero Israel no era un pueblo guerrero; por más de 400 años habían sido esclavos. Su ambiente circunstancial no los había preparado para tal hazaña. Por lo tanto, dependerían de las instrucciones de su líder que era dirigido por Dios.

Esto nos lleva a tres conclusiones muy importantes:

La primera vez que Dios le dice a Josué que se "esfuerce y sea valiente", es para administrar los recursos para el pueblo. "Esfuérzate y sé valiente; porque tú repartirás a este pueblo por heredad la tierra de la cual juré a sus padres que la daría a ellos" (Josué 1:6).

La segunda advertencia y promesa, "de ser fuerte y valiente", consistía en administrar su Palabra: Guardándola, viviéndola, compartiéndola y meditando en ella.

Y la tercera es para mantenerse siempre en la relación perfecta con Dios. "Mira que te mando que te esfuerces y seas valiente; no temas ni desmayes, porque Jehová tu Dios estará contigo en dondequiera que vayas" (Josué 1:9).

Analizando bien esta historia, la misión de Josué consistió en administrar los recursos de Dios. Todo estaba planificado, pero el líder tenía que calcular los riesgos y saber administrar esos recursos. El escritor de Josué pudo omitir dos veces las frases "esfuérzate y se valiente", pero al mencionarlas cada vez deja entrever el proceso de la tarea. Es una estrategia que advierte y asegura que el plan es posible. Por lo tanto, la crisis es circunstancial pero superable cuando la misión que pertenece a Dios se tiene en la mente, en el corazón y en la práctica.

Decirle a Josué "esfuérzate" tres veces, significa sacrificio, poner sus destrezas al servicio de Dios para cumplir la misión. Significa que no será fácil. Definitivamente, una crisis nunca es fácil e insignificante. Decirle tres veces "sé valiente", significa que habrá miedo, preocupación, desánimo y estrés. Pero como dice el dicho universal que "ser valiente no significa no tener miedo, sino hacer las cosas a pesar del miedo que tengamos".

Considerando que este es un escrito formal, no quiero caer en el plano especulativo. Liderar a un pueblo con una poderosa influencia de esclavitud y pesimismo, requirió esfuerzo y mucho valor. Luego, el pueblo tuvo que enfrentar a naciones paganas que querían desaparecer al pueblo de Dios de sobre la tierra. También, el pueblo tuvo ante sí ciudades amuralladas, a gigantes y muchos otros desafíos mencionados en el contexto de este escrito. Sin duda, tenía sentido haber mencionado tres veces la frase "esfuérzate y sé valiente".

En la última advertencia de esforzarse y ser valiente, le agrega: "No temas ni desmayes…" (Josué 1:6-9). El temor estará vigente, el desánimo es circunstancial y habrá momentos más difíciles que otros; la advertencia tenía sentido.

En medio de todas las advertencias ante los grandes desafíos, la crisis no será nunca mayor que la gracia y la asistencia de Dios. Esta es la gran diferencia que tienen a su favor los ministros del Señor y la iglesia con cualquier otra institución sobre la tierra. Dios agrega en la última advertencia una promesa que garantiza que la crisis será superada, la misión cumplida y el pueblo instalado en el lugar de la promesa: "…porque Jehová tu Dios estará contigo en dondequiera que vayas". Tener siempre en perspectiva la Palabra de Dios; la promesa es que "todo saldrá bien…" Lo más importante es que la iglesia y el líder cuenta con el respaldo de Dios para todo.

Un recurso para nuestro tiempo

Las advertencias de Dobbs podrían ser un desafío para los líderes que tienen bajo su responsabilidad a otros líderes y de ministros que tienen bajo su responsabilidad a la iglesia. Por lo tanto, si analizamos cada problema, podremos responder con cuidado y atención a cada situación. De no hacer así, los problemas pudieran convertirse en un caos en la vida personal, familiar y ministerial de los líderes cristianos.

La propuesta es la misma que el Señor le hizo a Josué, "esfuérzate y se valiente, no temas ni desmayes…" Poner en perspectiva la crisis nos ayudará a detectar falencias, debilidades y problemas que no hemos atendido con sabiduría y estrategia. También nos ayudará a ver las posibilidades y qué áreas requerirán atención cuidadosa e intencional para salir victoriosos de la crisis.

La gran ventaja que tenemos de otras instancias sociales es que Dios sí tiene un plan y una misión bien estructurada para nosotros. Y lo más importante es que Él está de nuestro lado. Su presencia no es pasiva, sino activa. Esta realidad es nuestra realidad porque Jesús prometió: "Recibiréis poder cuando haya venido sobre vosotros el Espíritu Santo…" (Hechos 1:8).

Crisis siempre tendremos. Es imposible evadir los procesos de la vida en el cumplimiento de la misión. Las pandemias, persecuciones, hambres y muerte han sido la realidad de la iglesia a través de todos los tiempos, pero la iglesia siempre ha salido triunfante. La Palabra promete que:

> ¿Quién nos separará del amor de Cristo? ¿Tribulación, o angustia, o persecución, o hambre, o desnudez, o peligro, o espada? Como está escrito: Por causa de ti somos muertos todo el tiempo; somos contados como ovejas de matadero. Antes, en todas estas cosas somos más que vencedores por medio de aquel que nos amó. Por lo cual estoy seguro de que ni la muerte, ni la vida, ni ángeles, ni principados, ni potestades, ni lo presente, ni lo por venir, ni lo alto, ni lo profundo, ni ninguna otra cosa creada nos podrá separar del amor de Dios, que es en Cristo Jesús Señor nuestro. (Romanos 8:35-39)

Ante tantos desafíos y circunstancias no muy halagüeñas, la mejor estrategia es la que el Señor nos presenta. Esforzarse consiste en un plan inteligente, intencional y con todo el compromiso. Valentía es constancia en medio de las circunstancias. Estos son valores que se han convertido en un estilo de vida. La confianza que la vida tiene procesos y que para cumplir la misión en estos procesos se requiere de la fortaleza del Señor. Ningún valiente a través de la historia ha dejado de sentir temor, pero esa es la característica más poderosa de un valiente, seguir adelante a pesar de los gigantes, muros y de un pueblo que aprende a vivir en libertad. Adoración, es el reconocimiento que Él está con nosotros siempre. Honrar su presencia garantiza la victoria.

Conclusión

"Alguien tiene que hacer la tarea…", dicen los líderes cuando algunos se quejan del costo del ministerio. Y efectivamente esta frase tiene mucho sentido. Alguien tiene que hacerlo, pero ese alguien, en primera instancia, deberá ser una persona llamada para eso. Luego necesita de herramientas adecuadas y contextuales para que su tarea y misión sean efectivas.

Por lo tanto, concluyamos con estos axiomas que son patrones que necesita todo ministerio y toda misión: Primero, se necesita una clara visión de lo que se quiere lograr. Segundo, se necesita una declaración de misión, especialmente que garantice que el ministerio tendrá sentido y total relación con la visión. Tercero, se necesita de un plan estratégico, que consiste en un mapa estructurado que nos plantea, advierte y guía en el proceso del cumplimiento de la misión. No se entienda "plan estratégico" como una acumulación de actividades que llenan objetivos sin visión. Entendamos "plan estratégico" como las pautas, recursos, dirección y proyección para ser agentes misionales efectivos.

La misión nació en el corazón de Dios, y Él nos ha comisionado para alcanzar al mundo, no solo con un mensaje de esperanza, pero con un estilo de vida transformado para la sanidad de la raza caída.

LIDERAZGO MISIONAL

Por Diego Forero

Una breve historia

Cuando recibí la invitación de parte del Dr. Roberto Hodgson para escribir un tema sobre liderazgo, me sentí sumamente honrado, agradecido y por supuesto comprometido con el hecho de poder participar una vez más en el desarrollo del liderazgo de la iglesia. Antes de tomar la decisión sobre el tema que habría de compartir, estuve orando y meditando acerca de cuál sería el más propicio para mis colegas. Fue entonces cuando sentí que debía compartir un tema que tuviera como propósito animarlos a desarrollar un tipo de liderazgo que les ayudara al cumplimiento de la misión de la iglesia. Pero entonces me pregunté: ¿Y qué pastor no sabe lo que significa liderazgo, o qué pastor no conoce cuál es la misión de la iglesia? Sería entonces absurdo tratar un tema que, por demás, ha sido discutido y estudiado en todos los escenarios ministeriales y seculares.

Sin embargo, aunque es cierto que casi todos pueden definir claramente estos dos conceptos, creo que se presenta un problema en cuanto a la forma de cómo engranar la misión de la iglesia con el desarrollo del liderazgo. El tema estuvo dándome vueltas en la cabeza por algunos días, hasta que recordé que en una ocasión había compartido una conferencia sobre liderazgo que titulé: "La lección del olivo", que había sido muy importante para mi vida. Permítanme compartirla brevemente.

El olivo es un tipo de árbol que puede durar cientos de años produciendo frutos sin cesar. Su fortaleza se basa en dos elementos; en sus raíces y en su tronco. Sus raíces se enclavan en la tierra tan profundamente que casi alcanzan la misma distancia que tiene su altura; al ser así, las raíces sostienen y alimentan al olivo aún en tiempo de escasez de agua. En cuanto al tronco, cuando el tronco principal ya ha dado todo lo que puede, le brotan entonces renuevos que se abrazan a él y éstos comienzan a producir lo que el viejo tronco ya no puede y así se repite el proceso generación tras generación. Entonces, el árbol permanece erguido, frondoso y productivo por años, cumpliendo su misión de producir sus frutos que también bendicen a futuras generaciones.

Aunque parezca extraño, el árbol del olivo tiene mucho que enseñarnos sobre el liderazgo cristiano y su misión. Podríamos decir que las raíces representan los cimientos sólidos en la Palabra de Dios que son el fundamento de la fe, y que el tronco representa el liderazgo que se renueva constantemente para cumplir la misión. Ahora, imaginemos que el árbol del olivo es la iglesia. No cabe duda de que nuestra formación teológica y espiritual tiene raíces profundas que nos sustentan permanentemente. Pero en cuanto al liderazgo, se pueden presentar algunas fallas cuando no se están preparando nuevos líderes capacitados que sustenten la continuidad de la misión. Observemos que aun cuando la raíz sea profunda, si el tronco no se renueva constantemente, no cumpliría con la misión de producir frutos que permanezcan.

En el capítulo dos del libro de Jueces, encontramos una historia que nos sirve como ejemplo de lo que es liderazgo y misión. Se trata de la historia de Josué y la generación que continuó después de él. Esa generación no continuó con la misión de Dios como lo hicieron sus antepasados porque fue una que "no conoció a Dios". Esto sucedió porque nadie, ni siquiera Josué con todo su gran liderazgo, se preocupó por inculcar en el corazón de las siguientes generaciones una verdadera transformación. No hubo quien les enseñara que tenían el deber de llevar adelante la misión de Dios.

Josué, siendo discípulo de Moisés, se formó como un líder extraordinario. Fue valiente, obediente a Dios y vivió en santidad, pero no tuvo en cuenta lo más importante: ¡Formar nuevos líderes e inculcar la misión de Dios en el corazón de la siguiente generación!

¿En qué falló Josué? Se mantuvo tan ocupado con su proyecto de conquistar la tierra prometida que olvidó su verdadera misión. Se dedicó tanto a organizar al pueblo que descuidó alimentar la fe del pueblo. Se dedicó tanto a ser un gran líder que no tuvo tiempo para preparar a un sucesor ni a nuevos líderes para la continuidad de la misión.

Comparado con la lección del olivo, el liderazgo de Josué falló en producir renuevos que abrazaran la misión de Dios. Su descuido resultó en el caos espiritual y moral de las siguientes generaciones. Es justamente en este aspecto que muchos líderes fallan. Se ocupan tanto de sus propios proyectos, de la organización de la iglesia o de liderar su propia visión, que se olvidan de multiplicar en otros la misión de Dios.

Propósito de la misión

La lección del olivo y la historia de Josué enseñan que el cumplimiento de la misión de la iglesia debe producir por medio de la evangelización una verdadera transformación en la sociedad a la que ella sirve. Para que así sea, la tarea de la iglesia deberá ser integral, comprometida con la misión de Jesús de alcanzar a los perdidos y ayudar a los más necesitados. En este sentido, la iglesia debe implementar una visión en la que tengan cabida todas las personas. La iglesia debe también desarrollar estrategias y planes que le permitan establecer un sistema de discipulado intencional para que los no creyentes acepten a Jesús como su Señor y Salvador, para que los nuevos creyentes desarrollen un estilo de vida semejante al de Cristo y para que los discípulos sean enviados a continuar con la misión que le ha sido encomendada.

El liderazgo misional debe estar comprometido con un profundo sentido de obediencia a la Gran Comisión. Creo que, si no tenemos la intención de obedecer el mandato de Jesús de "ir a hacer discípulos" entonces la visión de la iglesia, cualquiera que ésta sea, estará fuera del propósito de Dios. Sobre este tema, el Dr. Leonel DeLeón dice que "si la iglesia desea ser 'la sal y la luz' como Jesús dice en Mateo 5:13-14, necesita no solo buenos y abundantes argumentos, sino también encarnar las verdades de Jesús dentro de un contexto real, frente a un mundo agresivo y en caos."[1]

De la misma manera, Carlos Van Engen dice que "a menudo pensamos en la iglesia como aquella comunidad de creyentes que busca el propósito de Dios al reunirse como congregación. Pero también tenemos la iglesia, aquel cuerpo comprado con la sangre de Jesucristo y llamado a ser su pueblo en el mundo. El pueblo misionero de Dios se compromete a concretizar la iglesia universal en la iglesia local."[2] Por lo tanto, si el liderazgo de la iglesia está comprometido con la misión de Jesús, entonces las ideas que compartimos sobre nuestra fe, las actividades que desarrollamos para buscar y ganar a los perdidos, la realización de actividades de compasión en favor de los desamparados y necesitados, la preparación de discípulos para el ministerio y aún la predicación de las buenas nuevas de Cristo, estarán dirigidas hacia el cumplimiento de la misión.

Por todo lo anterior, sabemos que el liderazgo misional debe responder a lo que Dios quiere hacer para cumplir con su misión. La iglesia debe observar con cuidado lo que Dios está haciendo a su alrededor y unirse a Él, por lo que debe orientar todos sus esfuerzos y recursos en desarrollar la visión dentro de su contexto. Sin embargo, una de las preocupaciones más comunes de la iglesia de hoy es que, aunque se tengan muchos miembros nominales, se desarrollan pocos discípulos capaces de dar frutos que permanezcan a fin de continuar con el legado del Señor Jesucristo en la Gran Comisión (Mateo 28:19-20). Es sabido que muchas de nuestras congregaciones se componen de un 10% de personas dedicadas, decididas y activas; y un 90% de miembros inactivos que se mantienen al margen y se presentan medio interesados en la vida y el ministerio de la congregación. Erróneamente muchos creen que hacer discípulos consiste en llenar de información bíblica a los miembros de la

---

1 Roberto Hodgson, *Cuplimiento de la misión,* Lanexa, KS: Casa Nazarena de Publicaciones, 2016.

2 Carlos Van Engen, El pueblo misionero de Dios, Grand Rapids, Michigan: Libros Desafío, 2004.

iglesia. Aunque eso es parte importantísima del discipulado, la sola información no hará que ellos sean la sal de la tierra y por tanto no llegarán a desarrollar su potencial.

Para que la misión llegue a ser transformadora, los líderes de la iglesia deben preparar a todos sus miembros, sean clérigos o laicos, para que, como discípulos de Cristo, vayan y hagan lo que Él nos comisionó a hacer. ¡Esa es la misión de la Iglesia!

Conceptos bíblicos de la misión

Dios escogió y llamó al pueblo de Israel, comenzando desde Abraham y sus descendientes, para que fueran su pueblo misionero y partícipes de su plan para la salvación de todas las naciones del mundo. Como misioneros, todos los descendientes del pueblo de Israel debían ser siervos, testigos y sacerdotes de Dios, que actuaran como mediadores del pacto en todas las naciones de la tierra. Ellos, a través de su fe, debían ser testimonio vivo del reino de Dios y su justicia, para todas las naciones.

Todo el Antiguo Testamento, desde Génesis hasta Malaquías, conduce a la obra de Jesús de Nazaret. En Jesús se cumplen todas las profecías, las esperanzas y las expectativas que Dios le dio al mundo antiguo por medio del pueblo de Israel y se manifiesta el amor de Dios para todo el mundo actual. Es así como vemos a Abraham, Moisés, Jacob, Josué, Débora, David, Jonás, Ester, Daniel, Jeremías y tantos otros hombres y mujeres de Dios, llevando a cabo la misión, para introducir al Salvador del mundo, Jesucristo, el Hijo de Dios.

Ya en el Nuevo Testamento, vemos a Jesús mismo y a sus apóstoles cumpliendo la misión de reconciliar al mundo con Dios para que se hicieran partícipes del nuevo pacto. En cuanto al ministerio de esos primeros misioneros de la iglesia primitiva, vemos que su trabajo se desarrolló en medio de un mundo de contrastes. Sin lugar a duda aquellos tiempos presentaban condiciones adversas, desfavorables y de mucha oposición para llevar el mensaje de Jesucristo. Pero, también, ese era un tiempo propicio debido a los grandes desafíos socioculturales y políticos que se presentaban en aquel mundo cosmopolita y liberal, lo cual impulsó a los primeros misioneros de la iglesia a conectarse contextualmente y a usar variados métodos de evangelismo. Roger S. Greenway dijo que "No hubo periodo de la historia más adecuado para el crecimiento de la iglesia que el siglo primero d.C."[3]

Qué interesante resulta entonces que el mismo ambiente sociocultural que se presentó durante la época de la iglesia primitiva, sea semejante al de los tiempos actuales. El deterioro ético, moral y espiritual de la sociedad Greco-Romana de comienzos de la era cristiana presenta las mismas características de la sociedad que se encuentra en este mundo postmoderno y globalizado de hoy. ¿Qué encontramos? Personas inseguras y temerosas, religiones falsas y extrañas que surgen por doquiera, gente en busca de identidad y satisfacción espiritual, minorías raciales e inmigrantes siendo perseguidos y maltratados, personas pobres, desamparadas y con grandes necesidades, y mucho más.

De ahí que la Iglesia debe aprovechar al máximo las puertas que el Señor está abriendo a la predicación del evangelio, para que hoy, al igual que en aquellos tiempos bíblicos de hace más de dos mil años, podamos decir que la cosecha está lista y que ha llegado el tiempo para que la iglesia vaya a todas las ciudades adonde Jesús tiene que estar presente, para preparar y enviar, y para recoger la cosecha (Lucas 10.1-2). Creo que hoy, más que nunca, existe la necesidad urgente de un liderazgo comprometido con la misión de Dios. La Gran Comisión no se trata simplemente de agregar más programas a la estructura de la iglesia ya existente, sino en formar discípulos que sean equipados y enviados a cumplir la misión de Dios en el mundo.

Liderazgo misional contextualizado

Durante la conferencia de *Exponential 2019*, Alan Hirsch dijo que una iglesia misional no es una "iglesia emergente" que intenta contextualizar la fe cristiana para una generación posmoderna. Tampoco es una

---

3   Roger S. Greenway, *¡Vayan y hagan discípulos! Una introducción a las misiones cristianas,* Grand Rapids, Michigan: Libros Desafío, 2004.

"iglesia atrayente" que busca una evangelización sensible para los "buscadores". No es una nueva forma de hablar sobre el crecimiento de la iglesia. Aunque Dios claramente quiere que su iglesia crezca numéricamente, eso es solamente una parte de la agenda misional más amplia que se enfoca principalmente en la comunidad. Una iglesia misional es más que "justicia social". Trabajar con los pobres e influir un cambio en la desigualdad social es parte de ser agente de Dios. Sin embargo, no debemos reducir el papel integral de la misión de Dios, a un involucramiento social, únicamente.

Habiendo dicho lo anterior y poniendo en contexto los conceptos bíblicos de la misión con el trabajo de la iglesia local, es urgente que la iglesia se reenfoque en cuanto al cumplimiento de la misión. Por tanto, el liderazgo de la iglesia local, su visión y las estrategias que se planteen para su cumplimiento, deben obedecer al propósito de la misión de Dios. Es por esto por lo que la iglesia local debe conocer de la mejor manera posible el contexto de la comunidad donde sirve, de manera que pueda conectarse con ella para que sea receptiva al mensaje del evangelio.

La misión de la Iglesia del Nazareno, "Hacer discípulos semejantes a Cristo en las naciones", nos debiera impulsar a mantener firme el propósito de que los discípulos se multipliquen en otros discípulos. Por esta razón y junto con la visión, debemos incluir estrategias y metas necesarias para que la misión de hacer discípulos se lleve a cabo en nuestro contexto sociocultural local. En esa perspectiva, debemos establecer un sistema o método que nos permita abarcar a tantas personas como sea posible, diseñando redes de ministerio que interactúen con nuestra comunidad para que ellas se sientan incluidas y conectadas con la iglesia.

Periódicamente debemos emprender tareas tendientes a conocer mejor la composición social, cultural y económica de la comunidad en nuestra área de influencia, con el ánimo de establecer la mejor manera de atender sus necesidades más importantes. Con esa información, será posible planificar algunas actividades sociales para involucrarnos con nuestra comunidad. Por ejemplo, podremos hacer presencia en las escuelas públicas (trabajando en las escuelas como voluntarios), en el comercio (participando en las reuniones de la Cámara de Comercio local) y el gobierno de la ciudad (participando en actividades comunitarias) y, así, en otras instancias. Estos acercamientos tendrán como propósito conectarnos con nuestra comunidad para llevarles el mensaje de Jesucristo.

Para llevar a cabo la misión, el liderazgo deberá trabajar en formar discípulos utilizando algún método con el cual pueda preparar a la congregación para cumplir con la misión de la iglesia. Un buen plan debería lograr que cada persona que se agrega a la iglesia inicie, tan pronto como sea posible, un programa de formación espiritual que incluya la enseñanza de los principios doctrinales básicos de la iglesia y algunas prácticas de evangelismo relacional. La preparación de los nuevos líderes hará posible que sean enviados como agentes de transformación a sus comunidades.

Transformación a través del liderazgo misional

Una iglesia puede ser conocida por sus edificios, propiedades y programas. Se puede ver muy bien desde fuera. Pero si una iglesia no está trabajando para el avance en el reino de Dios, difundiendo el evangelio, haciendo discípulos y sirviendo a las necesidades de la comunidad, entonces no será más que un fracaso atractivo. La única manera de medir adecuadamente una iglesia es a través de su impacto en la sociedad.

La iglesia alcanzará el propósito de ser un agente de transformación cuando el liderazgo sea ejecutado a la luz de su relación con el cumplimiento de la misión de Dios. Así, cada actividad que se desarrolle en la iglesia tendrá la capacidad de hacer los ajustes necesarios para enfocarse hacia sus objetivos. Los ministerios de hombres, de mujeres, de parejas, de jóvenes, y otros, deberían enfocarse más en formar discípulos preparados para salir a ganar a otros. Si están preparados serán capaces de establecer relaciones con sus comunidades, de tal manera que podrán replicar el proceso de evangelizar y discipular a otros. Haciendo así, se asegurará el avance del Reino de Dios y el cumplimiento de la misión.

Básicamente, el liderazgo misional es transformador y debe tener la cualidad de cumplir con la misión de la iglesia tanto dentro como fuera de ella, es decir en la comunidad en la que sirve. La característica esencial del liderazgo misional es lograr que cada miembro de la iglesia sea un discípulo de Cristo que esté comprometido a llevar a cabo la Gran Comisión por medio de la evangelización y la compasión.

El liderazgo misional también es aquel que, en cumplimiento de la misión, logra conectar la iglesia con la comunidad mediante el discipulado y, a su vez, logra conectar a la comunidad con la iglesia mediante el evangelismo. Para lograr este propósito, se deben trazar planes y estrategias tendientes a lograr la movilización de la iglesia. Al hacer así, sus miembros serán capaces de conectarse con la comunidad e identificar áreas de acción específicas. Una vez conocidas éstas, mediante el discipulado intencional la iglesia podrá comprometerse y ayudar a satisfacer necesidades de la comunidad y cumplir su labor evangelizadora.

Conclusión

El autor de todo es Dios. Él es el autor del cielo y de la tierra, de la vida y de los tiempos, de los pueblos y de la iglesia, y también es el autor de los contextos sociales y de la misión de la iglesia. Al igual que en los tiempos de Abraham, de Moisés, de Jesús y de la iglesia del primer siglo, Dios llama hoy a su pueblo para que hagan conocer su gloria y su plan de salvación a todos los habitantes de la tierra. Este ha sido y seguirá siendo el llamado de Dios a su iglesia. Pero para vivir ese llamamiento, la iglesia deberá primero estar convencida de su misión y de que necesita participar activamente en la búsqueda y el desarrollo de ese llamamiento a través de su liderazgo.

Dios a través de iglesia siempre ha jugado un importante papel en la sociedad, y en nuestros días no es diferente. Jesús nos llama a ser la sal de la tierra y luz del mundo. Este llamado debe mover al liderazgo de la iglesia a estar siempre dispuesto y activo para afrontar los nuevos y diferentes desafíos que le presenta un mundo contemporáneo y, así, establecer nuevas estrategias que le permitan cumplir con su misión. Donde Dios se esté moviendo, allí también deberá moverse la iglesia, pues la misión no consiste en mantener encendido el fuego de un pequeño grupo de cristianos que se reúnen en un edificio cada semana, sino en incendiar ciudades y comunidades enteras con el fuego del evangelio. Esta realidad requiere esfuerzo planeado y acción decidida.

La mayoría de la sociedad postmoderna no recibe el mensaje del evangelio porque muy pocas personas en la iglesia están preparadas para proclamarlo con eficacia. Muchos de los esfuerzos de la iglesia actual han estado encaminados a mantener el statu quo de su organización y sus tradiciones, olvidando que el caos moral en el que vive la sociedad moderna en gran parte se debe a la poca presencia que la iglesia tiene en su contexto social. La iglesia es también responsable de los resultados que hoy tenemos en la sociedad.

Por esta razón, en virtud del llamado de Dios a cumplir la misión, la iglesia debe reconocer la urgencia de salir de las cuatro paredes se sus edificios para llevar el mensaje del evangelio a aquellos que necesitan a Jesús. La misión de la iglesia no es solo predicar a los cristianos, sino ir hasta donde están los más necesitados, los desamparados, los pobres, los hambrientos, los enfermos, los menos afortunados, los discriminados y los perdidos, y llevarles la esperanza y el amor que solo Jesucristo puede darles. Para ello, es necesario que los líderes de la iglesia establezcan nuevas visiones y estrategias para preparar a todos los que pueda, laicos y clérigos, para que como agentes de transformación vayan a cumplir con la misión. La Gran Comisión se trata de eso. No solo de enseñar lo que dice la Biblia, sino de encarnar en el corazón de los creyentes fieles lo que demanda el Señor. En la medida en que la iglesia asuma la responsabilidad de los resultados de su labor en el mundo, veremos avanzar el Reino de Dios.

Si la iglesia alguna vez tendrá un impacto en la sociedad, deberá entender que es parte de un reino establecido donde Dios hace las reglas. Una de sus reglas para la iglesia es que debe estar unida en cada aspecto, sea racial, económico, cultural o político. Sólo cuando la iglesia abrace la diversidad será el refugio que Dios quiere que sea. Sólo así la iglesia podrá impactar un mundo de personas perdidas para traerlos al reino de Dios y, así, cumplir su misión.

LIDERAZGO TRANSFORMACIONAL Y MULTIPLICADOR

Por Diego Forero

En el año 2011, Dios me dio la oportunidad de publicar a través de la Casa Nazarena de Publicaciones mi libro La Hoja de Ruta[1] con el propósito de dar a conocer el método del Plan del Maestro. Este método de alguna forma está diseñado bajo los principios del sistema que utilizó Juan Wesley en el siglo XVIII para la multiplicación de la iglesia para hacer discípulos que se reprodujeran en más discípulos. Hoy, este método, está siendo aplicado por varias iglesias en diferentes partes del mundo con excelentes resultados. Ellas están logrando desarrollar un liderazgo transformador y sostenible para su multiplicación.

Habiendo partido desde nuestra Cali natal, en el año 2007, nos mudamos con mi familia al sur de California para plantar una nueva iglesia. Esta primera iglesia comenzó desde cero. No teníamos ni una sola persona con la cual pudiéramos comenzar la obra. Sin embargo, aplicamos los principios de formación y multiplicación de discípulos del Plan del Maestro y, hasta el día de hoy, hemos obtenido excelentes resultados. No solo hemos llegado consolidar una iglesia con un crecimiento sostenible, sino que también hemos plantado nuevas iglesias hijas que han surgido de ésta y son lideradas por discípulos que fueron formados en ella. Además, de nuestra iglesia han salido varios otros discípulos que han ido a iniciar su ministerio en otras denominaciones. Actualmente tenemos nuevos discípulos que están liderando varias células o grupos

[1] *https://www.whdl.org/la-hoja-de-ruta-el-plan-del-maestro?language=es*

pequeños y que, a su vez, están formando nuevos discípulos para que continúen con el proceso de crecimiento y multiplicación.

Es importante resaltar que hoy muchas iglesias alrededor del mundo están aplicando los conceptos enseñados por el ministerio DCPI (Dynamic Church Planting International, por sus siglas en inglés) para la plantación de nuevas iglesias. Este ministerio recomienda que se utilice un método de formación y multiplicación de discípulos para la plantación efectiva de nuevas iglesias dinámicas.

En mis recorridos por diferentes iglesias a lo largo de los Estados Unidos predicando, dictando conferencias y seminarios, he tenido la oportunidad de conocer muy de cerca el inmenso deseo de muchos pastores y líderes por encontrar maneras de superar la crisis del estancamiento que han presentado sus congregaciones por varios años. La mayoría dicen que han invertido sustanciales cantidades de tiempo y dinero asistiendo a cuantas conferencias, seminarios y cursos les ofrecen para el crecimiento de la iglesia. Afirman que han intentado aplicar varios de esos programas innovadores, pero que con ninguna de estas actividades han podido movilizar eficazmente a sus congregaciones y obtener un crecimiento sostenible, y mucho menos para multiplicarse plantando nuevas iglesias.

Analizando las diferentes opiniones y los testimonios de algunos pastores, se puede concluir que no se trata que los recursos disponibles no sean buenos. El problema parece radicar en que no se están preparando adecuadamente los discípulos para que se reproduzcan en otros nuevos discípulos, ni se están preparando a las iglesias para plantar nuevas iglesias.

Las estadísticas lo confirman

Un estudio conducido por el grupo Barna en 2015 para la Universidad Pepperdine [2], arrojó como resultado que un 66% de los pastores disfrutan más predicar y enseñar, y un 10% en desarrollar otros líderes, un 8% en discipular creyentes, un 6% en evangelizar, y un 10%

---

2   https://www.barna.com/research/ups-downs-ministry/

en otras actividades. También, afirma el estudio que 35% de los pastores se sienten frustrados con la falta de compromiso entre los laicos.

De acuerdo con otro estudio realizado por Gallup en abril de 2019[3], la tasa de miembros de la iglesia en los Estados Unidos ha disminuido durante las últimas dos décadas después de haber sido relativamente estable en las seis décadas anteriores. Aproximadamente uno de cada cuatro adultos estadounidenses es religioso, pero no es miembro de una iglesia, sinagoga o mezquita. Estas tendencias no son sólo números, sino que juegan un papel importante en la realidad de que miles de iglesias estadounidenses cierran cada año.

Por su parte un nuevo estudio de LifeWay Research[4] encontró que seis de cada diez iglesias protestantes están estancadas o disminuyendo en asistencia, y que más de la mitad vieron menos de cinco personas convertirse en nuevos cristianos en los últimos 12 meses. La investigación da una imagen clara del estado de las iglesias protestantes en Norte América hoy en día. Cerca de 57% tiene menos de 100 personas que asisten a los servicios cada domingo, y el 21% menos de 50. Tres de cada cinco pastores (61%) dicen que sus iglesias enfrentaron una disminución en la asistencia a la adoración en los últimos tres años. Casi la mitad de ellos (46%) dicen que sus ingresos no crecieron o disminuyeron. En 2018, 68% de las iglesias manifiestan que no tuvieron ninguna participación en la plantación de iglesias, y solo 1 de cada 10 (12%) participaron directa o indirectamente en la apertura de una nueva iglesia.

De alguna manera estos números desenmascaran problemas de evangelización y discipulado muy profundos. Vemos que la iglesia parece estar estancada y, peor aun, en declive. No hay mucha presencia de nuevos convertidos al año ni se están plantando nuevas iglesias. En otras palabras, parece que la iglesia está perdiendo su sabor y que ya su luz casi no alumbra. Por tanto, debemos preocuparnos por emprender medidas

---

3 *https://news.gallup.com/poll/248837/church-membership-down-sharply-past-two-decades.aspx*

4 *https://www.christianitytoday.com/news/2019/march/lifeway-research-church-growth-attendance-size.html*

urgentes que nos ayuden a movilizarnos para superar esta crisis. Quizá la nueva tarea de la iglesia para superar la crisis del estancamiento deba ser la de preparar líderes comprometidos y que hagan nuevos discípulos para que sean enviados a plantar iglesias que plantan nuevas iglesias. Cada creyente y cada iglesia deben multiplicarse para ayudar a la formación de más discípulos y para la plantación de más iglesias. ¡Esta debe ser nuestra meta más urgente!

Jesús y el liderazgo transformacional

Sin duda que el liderazgo es un estilo de vida desarrollado por quienes tienen una misión que involucra seguidores para su realización. Como tal, a través del tiempo han surgido diferentes modelos de liderazgo, y el liderazgo transformacional es uno de ellos. Este modelo implica un proceso que sigue el líder para influir, guiar, dirigir y comprometer voluntariamente a sus seguidores en el logro de la misión.

El liderazgo transformacional tiende a presentar, entre otras, las siguientes características: Actualización constante del líder para realizar mejor la tarea y para compartir sus nuevos conocimientos con el equipo; utilización de métodos adecuados para facilitar el proceso de formación; comunicación clara de la visión del futuro –a dónde se desea llegar; confianza en el trabajo del equipo y motivación permanentemente; modelar la vida de los miembros del equipo a través de la propia vida del líder; y formación de nuevos líderes que continúen con la misión a través del tiempo.

Aunque el modelo de liderazgo transformacional ha venido cobrando su mayor influencia en los últimos años, podemos ver, sin lugar a equivocaciones, que fue el modelo que empleó Jesús para hacer discípulos. Jesús no comenzó su ministerio sin discípulos. Él nos enseñó que un discípulo no nace siendo discípulo, sino que se forma a través de un proceso de enseñanza y modelaje, y que no es resultado de la casualidad, sino que implica una relación personal, intencional, íntima y continua con el maestro. Es así como el discípulo es asistido en su proceso de transformación siendo modelado por la vida del maestro. Es por lo que la Gran Comisión en Mateo 28:18-20, no solo trata de predicar a los perdidos, sino, más bien, de hacer discípulos de ellos.

Una de las cualidades más destacables de Jesús como líder transformacional fue que Él vio a las personas, no como lo que eran en ese momento sino como lo que llegarían a ser. En cada uno veía una persona transformada y la trataba de acuerdo con esa visión. No reparó en las limitaciones intelectuales, sociales o emocionales de sus discípulos. Tampoco se desanimó ante las características personales que cada uno tenía (tímidos, agresivos, rudos, celosos, etc.). Desde el principio los trató como líderes transformadores, hasta que llegaron a ser apóstoles.

Por experiencia sabemos que no es fácil caminar con otros. De hecho, en el proceso del discipulado salen a flote las fortalezas y debilidades de todos. Jesús tuvo que enfrentar diferentes experiencias para resolver las crisis de sus discípulos y confrontar sus carnalidades para llevarlos a la madurez.

No siempre tuvieron éxito; los envió a expulsar demonios y fallaron; les dio la oportunidad de alimentar a una multitud, y no interpretaron el desafío; los convocó a una vigilia y se durmieron. Sin embargo, nunca bajó el nivel de las expectativas. Él sabía que algún día llegarían a ser pescadores de hombres y al final, lo logró.

Como dije antes, la principal característica de un líder transformacional como Jesús, es que se multiplica; es decir, que es alguien que tiene discípulos a los que les está enseñando a multiplicarse en otros discípulos. Hacer discípulos que se multipliquen es la única manera de cumplir efectivamente la Gran Comisión y en eso consistió el liderazgo transformacional de Jesús.

Uno de los errores más comunes en el que hemos caído es dar por sentado que todas las personas que se congregan en la iglesia son creyentes, que han nacido de nuevo y que tienen una correcta relación personal con Cristo. También hemos creído que simplemente con evangelizar a las personas es suficiente para que se produzca una transformación en sus vidas, con convicciones firmes y carácter cristiano sólido.

Tradicionalmente, de manera general en nuestro contexto evangélico, nos hemos quedado con la idea de que el discipulado es una tarea que consiste en enseñar teoría bíblica y en transmitir algunos conceptos teológicos básicos a los creyentes para ayudarles en su formación espiritual y doctrinal. Aunque esto es fundamental y necesario, no es suficiente para preparar discípulos dispuestos a cumplir con la Gran Comisión. Para ello, se requiere de un método de discipulado intencional que, siguiendo el plan de Jesús, y de manera similar al que utilizó Juan Wesley, tenga el propósito de formar discípulos. Esta formación incluye que sean enviados a multiplicarse en cumplimiento de la misión, tal como dice Winfield Bevins, "si queremos ver un movimiento de multiplicación colaborativa hoy en día, debe construirse sobre un modelo que empodere y libere el liderazgo laico para el ministerio y el evangelismo, como lo fue durante el renacimiento wesleyano." [5]

Jesús y el liderazgo multiplicador

Jesús llamó a sus discípulos y les dijo: "Síganme. En lugar de pescar peces, les voy a enseñar a ganar seguidores para mí" (Mateo 4:19 TLA). En estas cortas pero poderosas palabras Jesús describió su plan de multiplicación y cuáles son sus dos principales componentes.

Primero, nos invita a seguirlo, no como simples seguidores casuales sino como discípulos transformados que obedecen su voluntad. Y segundo, nos promete que nos enseñará a ganar personas para multiplicar su reino.

Como vemos, el plan de Jesús era que aquellos que lo seguían no solo fueran sus discípulos, sino que fueran transformados espiritualmente para que entonces fueran a hacer nuevos discípulos. Así pues, la tarea de un discípulo es hacer más discípulos para cumplir el plan de multiplicación de la iglesia. Un discípulo transformado es aquel que es semejante a Cristo y por tanto tiene su misma misión. Jesús dejó claro que la esencia de su plan es la multiplicación. Al respecto Robert E. Coleman

---

5   Winfield Bevins, *Multiplying disciples: What movements can teach us about discipleship,* Discipleship.org, Exponential, 2019 (Traducción del inglés por el autor).

en su libro El Plan Supremo del Discipulado, dice: "En tanto que los discípulos aprendieran de Él y siguieran su ejemplo de vida, indudablemente llegarían a discipular a otros; y en tanto que sus discípulos a su vez hicieran lo mismo, algún día mediante la multiplicación, llegarían a conocerlo a Él".[6]

La manera en que Jesús trabajó en la formación de discípulos para que fueran capaces de continuar con su misión, debe ser la máxima meta para la iglesia de todos los tiempos. En cualquier contexto social, cultural, político o económico, la formación de esta clase de discípulos debe tener siempre el mayor énfasis. Sin embargo, muchas iglesias han venido de manera sistemática formando discípulos en sus congregaciones con un vasto conocimiento de las Escrituras, doctrinas y de la historia eclesial, pero con muy poco entrenamiento para cumplir la Gran Comisión. Quizá por esta razón, el avance de la iglesia en cuanto a alcanzar a los perdidos para Cristo no ha tenido los frutos esperados en estos últimos tiempos.

La historia de la iglesia cristiana, desde su inicio hasta el presente, nos da muchos ejemplos de la manera como a través del proceso de formación y entrenamiento de discípulos se logró alcanzar un crecimiento exponencial y sin precedentes. Vemos por ejemplo que, en el primer siglo, este proceso provocó que en Antioquía a los discípulos se les llamara cristianos por primera vez (Hechos 11: 19-26). También, que en el siglo XVIII surgiera Juan Wesley como un poderoso instrumento de Dios para levantar en Europa una generación diferente de discípulos de Cristo. Esa transformación sirvió para ayudar a menguar la decadencia ética, moral y religiosa de esa época, y propició además un gran avivamiento espiritual que alcanzó incluso a América.

Juan Wesley fue un multiplicador de discípulos por excelencia. Estaba comprometido a ver vidas transformadas; fue así que durante su vida viajó miles de millas y predicó más de 40,000 sermones. Su movimiento comenzó con sólo un puñado de personas y a su muerte en

---

6   Robert E. Coleman, *El plan supremo del discipulado*, Bogotá, Colombia: Ediciones Berea, 2004.

1791, el metodismo wesleyano se había convertido en un movimiento eclesiástico global con más de 70,000 miembros en Inglaterra y más de 40,000 en América, además de otras obras misioneras en todo el mundo.

El liderazgo transformacional y la multiplicación de la iglesia

A la iglesia regularmente asisten tres grandes grupos de personas: Un primer grupo lo conforman los no creyentes y los nuevos creyentes. Éstos son solo asistentes que no han adquirido ningún compromiso serio con la iglesia. En un segundo grupo están los seguidores, quienes por ser más fieles están involucrados y comprometidos como miembros de la iglesia. Y en un tercer grupo están los discípulos, que son los seguidores que llegan a identificarse plenamente con la misión y son los que trabajan por la multiplicación de la iglesia.

De ahí que el trabajo del liderazgo transformacional del discipulado consiste en: Ayudar al no creyente a creer que Jesús es el Señor; ayudar al nuevo creyente a descubrir y desarrollar los dones que Dios le ha dado para que se involucre y se comprometa con la obra de la iglesia; ayudar a los miembros, seguidores comprometidos, a crecer hasta llegar a ser discípulos; y ayudar a que los discípulos se conviertan en líderes transformacionales para que sean enviados a formar nuevos discípulos y a plantar nuevas iglesias. Como resultado de este proceso, tendremos un discipulado dedicado al servicio del reino de Dios.

Debemos reconocer que nuestro objetivo ministerial no es promover actividades religiosas emotivas para atraer personas, sino mantener una dinámica saludable para hacer discípulos. Todo esto se hace con el fin de colaborar con Dios en la transformación espiritual de toda persona que recibe a Jesucristo como su Salvador. De esta manera, el Espíritu Santo puede obrar a través del trabajo de los líderes transformacionales que influyen integral y positivamente en sus vidas por medio del mensaje y el testimonio basado en la Palabra de Dios.

La transformación de los discípulos para que sean semejantes a Cristo lleva tiempo, y solo se logra cuando el líder y el discípulo permanecen juntos durante todo el proceso. No es suficiente solo con transmitir conocimiento teórico, porque esto sería un simple programa eclesiástico. Vemos en los evangelios que Jesús estuvo dispuesto a invertir su tiempo, sus recursos y hasta su vida en la formación de sus discípulos.

La transformación de todo discípulo es un trabajo intencional y arduo que establece una dinámica de compromiso mutuo. El liderazgo transformacional, es un proyecto para formar sucesores, no es un programa para buscar seguidores. Jesús no se conformó con que sus discípulos escucharan atentamente sus enseñanzas, Él esperó de ellos vidas transformadas y fructíferas. El propósito era claro: "Mi padre es glorificado cuando ustedes dan mucho fruto y muestran así que son mis discípulos" (Juan 15:8). Pablo entendió claramente este principio, y fue la razón por la cual se reprodujo en Timoteo y así mismo se lo encomendó: "Lo que has oído de mí ante muchos testigos, esto encarga a hombres fieles que sean idóneos para enseñar también a otros." (2 Timoteo 2:2)

El líder transformacional debe estar consciente, de que gran parte del fruto de su trabajo dependerá de cuánto invierta en sus discípulos. Esta forma de discipulado surge de caminar juntos, tal como lo hizo Jesús con sus discípulos. Jesús no solo les enseñó a orar, sino que oró con ellos. No solo les enseñó a amar, sino que vieron cómo los amaba. No solo les enseñó a dejarlo todo por causa del evangelio, sino que dio hasta su propia vida. De ahí que, el discipulado transformacional no es solamente compartir enseñanzas sino vivir esas enseñanzas. Por eso, en un tiempo donde abunda la religiosidad y la iglesia se está estancando, el mundo necesita el ejemplo palpable de vidas transformadas.

Jesús como líder transformacional manda que nos multipliquemos para continuar con la formación de nuevos discípulos. No nos llama para llenar los edificios con incrédulos admiradores ni para reproducir creyentes sin compromiso. Él nos llama para formar discípulos que se multipliquen en más discípulos, de la forma como Él lo hizo, con los principios y valores del reino con los que Él trabajó.

Para este propósito se requiere de un liderazgo transformacional que esté comprometido con la multiplicación de la iglesia, que la capacite y la entrene para que actúe a su vez como agente de transformación. Es así, entonces, que el liderazgo ayudará a los nuevos creyentes a madurar en el proceso y enseñará la manera efectiva en que ellos deben compartir el mensaje de Cristo con otras personas a su alrededor. Es así como ellos se reproducirán. Al respecto, en mi libro La Hoja de Ruta, menciono: "Que no nos baste con ganar almas para Cristo y dejarlas abandonadas a su suerte… sino que los llevemos de la mano a un nivel superior, al que Cristo nos encomendó… ser discípulos semejantes a Él"[7].

La razón por la cual creo que se necesita con urgencia poner en práctica un modelo de liderazgo transformacional y multiplicador sostenible en la iglesia es porque la iglesia carece de suficientes líderes debidamente capacitados para ayudar a su multiplicación. Como lo mencioné al principio, éste es uno de los principales problemas que mantienen estancadas a la mayoría de las congregaciones. Es aquí precisamente donde se nos presenta el cuello de botella pues, aunque contamos con una buena formación teológica y quizá con un buen número de miembros que pueden ayudar en algunas tareas de la iglesia, desafortunadamente no se ha podido consolidar un grupo de líderes transformacionales que tenga un efecto sostenible en la multiplicación de la iglesia.

Es lamentable que gran parte de los ministros de hoy no disfrutan de la experiencia real y práctica de ser discipulados intencionalmente. Algunos meramente recibieron una capacitación teológica en un instituto o seminario bíblico, otros solamente un entrenamiento ministerial básico en la iglesia local, pero pocos han tenido un discipulador y mentor personal en sus vidas. Es por esta razón que quizá, según las estadísticas, solo el 8% estén comprometidos con ser discipuladores.

La formación de discípulos en nuestro contexto latinoamericano está particularmente enfocada en un sistema de educación teológica que busca que los creyentes sean formados con sanos y necesarios criterios doctrinales. Pero quizá y debido a las tradiciones de la iglesia y a modelos antiguos de educación cristiana, a esos creyentes les hace falta pasar de la teoría a la práctica. Es necesario implementar nuevos medios para que los discípulos aprendan nuevas formas de llevar a cabo la misión.

---

7   Diego Forero, *La Hoja de Ruta. El plan del Maestro*, Lenexa, Kansas: Casa Nazarena de Publicaciones, 2011.

No estoy tratando de decir que nuestras prácticas de educación cristiana carezcan de sentido o de propósito; más bien, hace falta y es necesario definir claramente un sistema de discipulado que le dé dirección al modelo de formación de discípulos con la intención de multiplicar la iglesia.

Desde el punto de vista bíblico vemos que la Gran Comisión consiste en hacer discípulos que estén dispuestos a reproducirse en más discípulos; por lo tanto, es necesario proveer los medios y los sistemas adecuados para lograr este objetivo. En este sentido, la formación de discípulos capacitados y entrenados debe ser nuestra prioridad.

Conclusión

Las personas que llegan a Cristo no solo necesitan reconocerlo a Él como su Señor y Salvador personal, sino que también deben iniciar un nuevo caminar a través de las enseñanzas del Evangelio y desarrollar el estilo de vida cristiano. Para ello se requiere que los nuevos creyentes sean guiados en este proceso por los líderes de la iglesia y mentoreados hasta asegurarse de que ellos están entrenados para reproducir el proceso con otros. Oswald Sanders en su libro Liderazgo Espiritual[8], dice que Jesús no les pidió a sus discípulos que tomaran notas ni los llevó a un salón de clase, sino que les enseñó en el camino, y en la vida diaria; en otras palabras, les enseñó mediante la práctica diaria.

Como vimos, la iglesia debe ser dirigida hacia la multiplicación para formar cada vez más discípulos y para plantar cada vez más iglesias. La iglesia debería desarrollar un liderazgo transformacional que le permita prepararse, organizarse y movilizarse hacia la multiplicación. Este proceso comienza primero en la mente y el corazón de los líderes de la iglesia. Nuestros sistemas operativos basados en la acumulación de autoridad deben cambiar. Nuestros marcadores de éxito deben cambiar. Nuestro enfoque programático para agregar miembros debe ser reemplazado por el estilo transformacional de Jesús, a fin de formar discípulos que puedan multiplicarse e impacten cada vez más personas a su alrededor.

---

8 Oswald J. Sanders, *Liderazgo espiritual,* Grand Rapids, Michigan: Editorial Portavoz, 1995.

EL LÍDER TRANSFORMACIONAL DEBE ESTAR CONSCIENTE, DE QUE GRAN PARTE DEL FRUTO DE SU TRABAJO DEPENDERÁ DE CUÁNTO INVIERTA EN SUS DISCÍPULOS.

MEDIOS DE COMUNICACIÓN PARA EL LIDERAZGO

Por David Alberto Pérez

Y el mundo se detuvo...

El mundo se detuvo al escuchar la noticia del director de la Organización Mundial de la Salud, Tedros Adhanom sobre el inicio del brote epidémico conocido como el COVID-19, ocurrido el 31 de diciembre de 2019 en la ciudad de Wuhan, China. El mundo cambió radicalmente a partir de ese anuncio dado a través de noticias y en las redes sociales. Como resultado hoy hablamos acerca de un antes y un después, particularmente en las formas de interactuar entre nosotros.

Uno de esos cambios fue la forma en que presencial o grupalmente nos comunicamos. Debido a la gravedad de los contagios se estableció el "distanciamiento social", que requería la cancelación obligatoria de reuniones grupales y mantener una distancia física con las personas de por lo menos dos metros (6 pies). Esto nos llevó a una nueva realidad en cuanto al acercamiento y conversación con los demás. También, nos llevó a considerar la posibilidad de definir y ajustarnos a la "nueva normalidad", sencillamente porque enfrentamos dinámicas cambiantes. Es por esta razón que los líderes necesitan conocer y entender los indicadores de esas nuevas realidades y ajustar la dirección según esos nuevos cambios y a los que ocurrirán para que la iglesia esté efectivamente comunicada cualquiera sea la situación.

¿Cómo afectó el cambio a la iglesia?

El subsecretario general del Consejo Mundial de Iglesias[1], Rev. Olav Fykse Tveit, mencionó en una conferencia en Ginebra, Noruega, estadísticas acerca de cómo iglesias de diferentes denominaciones en el mundo han sido gravemente afectadas por la pandemia del COVID. "Al cerrar iglesias para detener la propagación de la pandemia, muchas tuvieron que cerrar definitivamente". No solamente cerraron las puertas de sus edificios, pero también cerraron la oportunidad de seguir proclamando la fe en Jesucristo. Una de las razones principales del cierre definitivo de iglesias se debió a no tener formas de comunicarse efectivamente con sus feligreses. No había plan, recursos, ni estrategias para el acercamiento con sus miembros. Las iglesias no estaban actualizadas con medios de comunicación efectivos como para permanecer informadas en relación con los sucesos que el mundo y sus miembros experimentaban y, más aun, cómo proceder para mantenerse unidos. Al discontinuar los servicios presenciales, las iglesias perdieron el contacto con sus miembros activos y más aun con los que no asistían regularmente. Se cerró la conexión con la comunidad, con los de su alrededor y en especial con los más vulnerables. Al no tener otras alternativas de comunicación se creó un distanciamiento físico, social, emocional, y sobre todo espiritual.

Hacia fines del siglo XX, y desde que entramos a la era digital y social por medio del internet, los medios digitales se han mantenido en constante crecimiento y con altas y permanentes demandas de nuevas tecnologías en la comunicación. Sin embargo, hubo instituciones y liderazgo que decidieron mantener su forma de trabajo tradicional. Se resistieron al cambio, a la innovación y a las nuevas ideas. Lo nuevo o lo moderno se constituyó en enemigo de muchos, no importando qué tan desarrollado fuera el país donde estuvieran. Y así es; no importa qué tan desarrollado sea el país donde están esas instituciones o líderes, el problema es la mentalidad que no les permite aprovechar, crecer y

---

1   El Consejo Mundial de Iglesias concentra una membresía de 500 millones en 110 países. Más información en *https://www.oikoumene.org/es/member-churches*

acercarse a las posibilidades que ofrecen al evangelio las nuevas formas de comunicación.

Si hay algo que me llama la atención en los evangelios es que el mismo Jesús, por medio de los milagros de sanidad, hizo la diferencia en cómo se comunicó con la gente. Es decir, algunos milagros ocurrieron al dar la palabra, a otros tocó, e incluso escupió en el piso para hacer barro y ponerlo en los ojos de un ciego (Juan 9:6). En nuestros ministerios, esta creatividad puede parecer extremadamente fuera de lo ortodoxo; pero la enseñanza del mismo Señor fue salirse de la estructura de enseñanza de los religiosos de su tiempo para acercarse a la gente y ser más efectivo en la comunicación del mensaje del evangelio. Al resistirnos a las nuevas ideas para una comunicación más efectiva, cerrará la capacidad de crecimiento. Tenemos algunos ejemplos de cómo empresas globales tuvieron que cerrar sus negocios porque se opusieron a los cambios o innovaciones.

Kodak. En 1881 se fundó bajo un concepto innovador: Simplificar el proceso de impresión de placas para tomar fotografías. En los setenta, el 90% de las películas vendidas eran de Kodak y un porcentaje similar le correspondía a las cámaras de fotos. Pero, para el 2012, la empresa tuvo que declararse en bancarrota. ¿Por qué?

Kodak creó en 1975 la primera cámara digital; pero, como tenía el monopolio de los rollos de película, estimaron que no era prudente en ese momento desarrollar comercialmente ese nuevo producto. Fue su peor decisión. En menos de dos años, las compañías LG, Sony, Samsung y Panasonic acabaron con el monopolio de Kodak.

Blockbuster. El modelo de negocio era simple: Alquilar videos originales en un local moderno y atractivo. En 1994, con un millonario negocio en crecimiento, la empresa fue adquirida por Viacom, por 8,400 millones de dólares. ¿Qué sucedió?

En el año 2000 recibió la propuesta de compartir sinergias con Netflix, una pequeña compañía que alquilaba películas a través de internet. Netflix, por la módica suma de 50 millones de dólares ofreció unir sus esfuerzos a Blockbuster en un formato de trasmisión por internet; sin embargo, Blockbuster rechazó la propuesta. Netflix demostró que no era necesario tener tiendas físicas para alquilar películas, ni que era rentable hacerlo por unidades. Blockbuster cerró sus últimas tiendas en 2013.

Hay muchos más ejemplos en el mundo comercial que se podrían citar en relación con que si no se cambia o se adapta a las posibilidades de comunicación en un mundo cambiante, el fracaso o estancamiento es inminente.

Resistencia al cambio

El cierre de iglesias mostró la falta de innovación, cambios y preparación para eventos fuera de sus agendas. Una estadística menciona que el 80% de personas en un grupo pueden que se opongan a nuevos cambios sencillamente porque se incomodan. A esto se le conoce como "resistencia al cambio". Hay un dicho; "Si siempre haces lo mismo, siempre tendrás los mismos resultados."

Podemos afirmar que lo que afecta el crecimiento de muchos tiene que ver con la "falta de actualización". Nuestra tendencia es a acostumbramos tanto a modalidades que nos han funcionado que, muchas veces, no consideramos como necesario a lo que es nuevo. Hoy en día adquirir conocimiento acerca del manejo de internet y las redes sociales no es un lujo o una cuestión de entretenimiento. Debemos considerar que esas son herramientas para el crecimiento integral de nuestra vida e iglesia. Estas herramientas representan alternativas para alcanzar a las nuevas generaciones.

En la Biblia vemos un ejemplo cuando Jesús le preguntó al hombre que estaba postrado en su cama por 38 años: "¿Quieres ser sano?" (Juan 5:5-8). Jesús siendo el Hijo de Dios lo pudo haber sanado sin necesidad de preguntar. Ese hombre, por otra parte, pudo haberse negado por que tal vez se encontraba acostumbrado a esa posición. Pero dijo: "Sí quiero". Si hay algo grandioso del amor de Dios para nuestras vidas es que nunca el Señor nos obligará a cambiar. El Señor nos da la libertad de escoger y él nos respaldará y guiará en los cambios que son prudentes y necesarios.

Lamentablemente, muchas de las iglesias afectadas en su funcionamiento, debido a restricciones relacionadas a la pandemia y a los cambios que el mundo ha tenido, es porque consideraron que estaban bien con su forma de trabajar y que no había necesidad de actualización o innovación. Reconozcamos también que muchas iglesias ya estaban agonizando antes de la pandemia del 2020. Lo que hizo esta situación fue, como dice el dicho popular, "el tiro de gracia". Toda crisis saca a relucir cuál es nuestra condición. El resultado de lo que ahora somos es por las decisiones que hemos tomado, meses y años atrás.

Aprender, desaprender y volver a aprender

Anualmente celebramos en la iglesia un congreso de liderazgo donde el tema del año 2020 fue ""Liderazgo venciendo las Crisis". Este año lo tuvimos que realizar por Zoom, en el que participaron diferentes oradores de América Latina. Damos gracias a Dios por la respuesta y participación de pastores de México, Nicaragua, Costa Rica, Guatemala y diferentes ciudades en los Estados Unidos. Entre los oradores estuvo la presbítero Sharon Víquez de la Iglesia del Nazareno en San José, Costa Rica. Ella presentó el tema titulado "Aprendiendo, desaprendiendo y volver a aprender".

Durante su taller nos enseñó lo importante que es evaluar el conocimiento que hemos adquirido, reflexionando y haciéndonos preguntas de lo que es útil y "me sirve ahora". ¿Ha funcionado mi plan? ¿Cuáles son los resultados obtenidos? ¿Son objetivas o sinceras las respuestas y en función de las necesidades de la iglesia? ¿Qué tan comunicados hemos estado con nuestra iglesia?

Uno de los éxitos de Facebook, la red social tan popular, es el espacio de interacción que ofrece a los miembros de cada perfil, dando lugar a opinar sobre lo publicado en sus muros. Ese espacio para opinar, incluyendo la oportunidad de darle "me gusta", hace que esta plataforma sea tan apreciada. En pocas palabras, la interacción nos apunta a que necesitamos aprender a "escuchar" cuáles son las necesidades de la iglesia y comunidad en la que vivimos. Si tomamos en cuenta la realidad de comunicar y escuchar, podemos afirmar que un plan estratégico requiere llegar a todos de manera efectiva. Un sistema de comunicaciones nuevo puede que tome tiempo para que algunos lo comprendan o incluso lo acepten, pero con persistencia se podrá experimentar los buenos resultados a la innovación o a los cambios.

En lo que tiene que ver con tecnología, cada día surgen o se inventan nuevas tendencias. Según la National Science Board (en Science & engineering, 2018), Estados Unidos patentó más de 152,000 nuevas invenciones.[2] Esto nos permite entender que hubo muchas invenciones de años pasados que, por obsoletas, tuvieron que dar lugar a las nuevas. En este sentido, es importante estar al día y saber qué hay de nuevo, si alguna de esas tecnologías es apropiada a nuestro contexto local y cómo ajustarlas a nuestro contexto. Los más afectados por esta pandemia en cuestión de crecimiento –sea numérico o económico– han sido aquellos que no tuvieron formas de acceder efectivamente a sus clientes, miembros o comunidad.

El peligro es cuando un líder y su equipo dan por sentado que porque las cosas están saliendo bien deben quedarse en la situación que están, sin contemplar o evaluar nuevas posibilidades. Es importante saber que el liderazgo debe tener un "sistema de consideración"; es decir, estar consciente de que surgirán nuevas tendencias, nuevos servicios que pudieran mejorar nuestra estrategia de alcance. Una manera de saber qué cambios están ocurriendo en los sistemas y cómo actualizarnos es sencillamente observando las innovaciones en los sistemas telefónicos y cambios en las computadoras. Se estima en general que la vida útil del sistema operativo de un móvil Android es de aproximadamente tres años y, con excepciones, hasta cinco años. Matías Fuentes, responsable de comunicación de producto en Google, mencionó que una vez al año se pone a disposición una nueva versión de Android: "Cada mes tenemos algo nuevo", expresó Fuentes.[3]

---

2 *https://www.nsf.gov/statistics/2018/nsb20181/digest/sections/preface*
3 Entrevista a Matías Fuentes, responsable de comunicación de Google, en *https://youtu.be/YFwdwAXudrw*.

Es importante que su liderazgo, la iglesia y equipos comprenda la importancia de estar "sujetos a cambios", teniendo en cuenta que hay nuevas alternativas digitales para el uso de la iglesia. Creo en la importancia de capacitarnos por medio de seminarios, talleres y conferencias que se relacionen a la visión local. Esto ayudará a entender lo nuevo y escuchar los mejores ejemplos de expertos que influyen en áreas que pudiera mejorar o fortalecer. Una buena ocasión para considerar estos cambios es cuando, anualmente se renuevan proyectos o planifican agendas. Recuerde, se pueden cambiar las estrategias, pero no la visión.

Entendidos en los tiempos

> "Y de los hijos de Isacar, doscientos príncipes, entendidos en los tiempos, y sabios de lo que Israel debía hacer, cuyo dicho seguían todos sus hermanos" (1 Crónicas 12:32).

Según las Escrituras, los hijos de Isacar eran astrónomos y astrólogos que mantuvieron un registro de los tiempos y las estaciones. Fueron expertos en la fijación de los inicios del año y el comienzo del mes. Ellos entendieron el significado de los cambios de la luna, los períodos solares, signos de las estrellas y, a través de este conocimiento, la Biblia dice que en los asuntos de siembra y cosecha ellos dirigieron a Israel en qué hacer y cuándo hacerlo. Ellos también estudiaron los tiempos para asegurar cuándo luchar contra sus enemigos, al igual que en la realización de otros eventos especiales del pueblo.

Cuando comenzamos a plantar la iglesia oré a Dios para que nos diera lideres entendidos en los medios de comunicación y especialmente en las redes sociales. Todavía no contábamos con recursos económicos como para poder adquirir algún equipo sofisticado para filmar o tomar fotografías. En ese tiempo era como económicamente estar en el desierto o, mejor dicho, como vivir en el tiempo de las "vacas flacas". Recuerdo que fui a una tienda llamada Seven-Eleven y compré un teléfono que me costó tan solo $20 (dólares).

El teléfono que compré solo servía para hacer llamadas prepagadas, pero tenía una cámara que no era nada buena. Con ese teléfono tome más de 3000 fotografías que las subía a Facebook e Instagram de nuestra iglesia. Todo evento importante de la iglesia lo registraba y escribía algo al respecto y lo subía. Esas fotografías las mandaba a toda la iglesia, la ponía en la página web, en los muros, blogs, redes sociales y si hubiese podido las hubiera puesto en el cielo como el símbolo de Batman. Yo hacia el papel de pastor, fotógrafo, productor, presentador, ¡y todo con un teléfono que me costó $20 (dólares)!

El tiempo pasó y Dios nos envió los mejores productores, diseñadores y fotógrafos de la ciudad, así personalmente lo considero. Cierto día un hermano de la iglesia me llamó y me dijo: "Pastor, compré una cámara para mi empresa que me costó mucho dinero, pero no la uso y la tengo guardada; quiero donarla a la iglesia." Cuando él me dijo eso mis ojos se aguaron, le di mil gracias a Dios por que él vio nuestro corazón y nos premió.

Uno de los grandes consejos que debería ser considerado por las juntas administrativas de las iglesias para su implementación es tener un equipo de "redes sociales". Es importante escoger jóvenes, o personas con visión juvenil, que están actualizadas con las comunicaciones. O, también y si no las hay, entrenar líderes para que conozcan lo importante que son los medios de comunicación, los diferentes alcances que tienen, y por qué representan posibilidades diferentes que tal vez nos imaginamos. Considerar a jóvenes en un equipo de "redes sociales y comunicación" es una buena opción para conocer qué hay de nuevo a través de los experimentos que ellos mismos realizan. Nuestros jóvenes y adolescentes conocen más de las redes y comunicaciones gracias a los videojuegos con sus amigos y sus experiencias en las redes sociales. Es por esta razón que ellos pueden ser incorporados al equipo de comunicaciones y usar bien sus conocimientos y experiencias para beneficio de la iglesia.

El artículo de Pérez Latre y Bringué[4] aporta datos y algunas pautas para comprender la importancia del público joven en los medios de

---

4   Francisco J. Perez-Latre y Xavier Bringué Sala, "Comunicación efectiva en circunstancias difíciles", en *www.researchgate.net/publication/28097776_Comunicacion_efectiva_en_circunstancias_dificiles_el_publico_entre_14_y_19_anos*

comunicación. Los jóvenes utilizan el contenido de los medios para reafirmar y argumentar sus opiniones e ideas como parte de su proceso de socialización y para desarrollar su sentido de pertenencia. En muchos casos ese contenido conduce las conversaciones de los grupos juveniles. Además, y con gran frecuencia, la actitud hacia la imagen que ellos demuestran en los medios es de profundo descontento, tal como explica García González.[5]

En la actualidad, los jóvenes son los que más relación tienen en las redes sociales:
- En el 2005, el 78% de las películas fueron dirigidas a jóvenes. Además de presentar el 72% de la audiencia que consume cine.
- Se exponen a la TV un promedio de 20hrs semanales.
- La mayor exposición a la radio, fuera del hogar, la tienen los jóvenes con un porcentaje de 51.53%. Ellos escuchan un promedio de 3.25 horas por persona, sin contar el porcentaje destinado a la música grabada, iPod o nuevas tecnologías.
- Los jóvenes presentan el mayor consumo de videosjuegos, como medio de entretenimiento.
- De los 17 millones de internautas en México, el 73% se concentra entre jóvenes de 13 y 34 años.

De esta manera se hace evidente el uso que hacen los jóvenes con los medios de comunicación que, además, es totalmente natural si entendemos que pertenecen a una generación expuesta y desarrollada a la par de la tecnología.

Con el surgimiento de la pandemia, mi esposa que está encargada de la escuela dominical pudo unir a todos los niños por medio de sus padres para que recibieran semanalmente por internet sus enseñanzas bíblicas. Además de las enseñanzas, ellos pudieron jugar, tener competencias, tareas e incluso pudimos realizar nuestro congreso de niños "Jesús es mi super Héroe". Este programa, también nos permitió conectar a los niños

---

5 Aurora García González, "La juventud en los medios", en el sitio *www.researchgate.net/publication/28097775_La_juventud_en_los_medios*.

que no estaban conectados con la iglesia. Los mismos niños comenzaron a invitar a sus amiguitos. Muchos padres que vieron nuestra información en las redes sociales pidieron unirse a nuestra sala privada para que sus hijos también participaran. Gracias a los medios de comunicación social, a la creatividad y participación del liderazgo de la iglesia no perdimos contacto con nuestros niños y mucho menos con sus padres.

Formar un equipo de medios de comunicaciones en la iglesia donde haya jóvenes o mentes jóvenes es aprender a conocer los tiempos, tal como ocurrió con los hijos de Isacar. Es fundamental pensar en nuestra generación venidera, en nuestros líderes de hoy y mañana. La ventaja de que los jóvenes participen en nuestro equipo de medios sociales y comunicación es que ellos están familiarizados con la tecnología actual.

Las redes sociales más influyentes son gratuitas. Todo lo que se requiere es una buena conexión de internet y un medio de publicación como puede ser un teléfono o computadora. Las redes sociales no deben mirarse como un proyecto secundario, sino como uno de los mayores compromisos para su estrategia de alcance y de publicidad para la iglesia.

En una conferencia me gusta abrir el dialogo con los participantes. En una ocasión, una persona me cuestionó sobre todo lo malo que hay en las redes sociales. Le expresé que tenía razón, que en las redes sociales e internet, hay muchas cosas malas; y le dije: "Por esa misma razón debemos estar allí". Otra persona expresó que usar palabras como "mercadeo" se seculariza a la iglesia. Le dije que también podemos usar la palabra "evangelismo", en lugar de mercadeo. El uso de las palabras está en relación con las personas a las que tenemos la intención de llegar. En este sentido y para una mejor comprensión del mensaje, es importante también que el lenguaje que usa la iglesia sea actualizado. En ocasiones pareciera que solo los que están dentro de la iglesia pueden entender nuestro vocabulario, mientras que los que están fuera, no.

Las redes sociales tienen la posibilidad de abrirnos las puertas a nuevas audiencias y brindar una forma realmente única de interactuar con personas que hablan su mismo lenguaje. Las grandes empresas saben alcanzar al sector demográfico más joven de manera exitosa, gracias a que un 90 % de las personas que participan en las redes sociales tienen entre 18 y 29 años. Por eso es importante saber en nuestras congregaciones cuántos de nuestros miembros participan en los medios sociales. Esta comprensión nos ayudará a trabajar en la consolidación de la iglesia y en mantenerlos informados a través de los medios. Para alcanzar a los nuevos será importante conocer la audiencia y tener en perspectiva el perfil al que quiere llegar.

Es importante hacer varias preguntas a nivel de la iglesia local. Por ejemplo: ¿Cuál es la visión que tenemos para usar las redes sociales? ¿A quién queremos llegar? ¿Cuáles redes sociales pudiera utilizar? ¿Con cuanta frecuencia revisaremos o pondremos nuevo contenido?

Con las respuestas en mano, oremos al Señor para que nos guíe y dé sabiduría acerca de cómo implementar el plan de comunicaciones en nuestra iglesia. Este trabajo previo nos permitirá determinar la metodología en el contexto de los principios de nuestra iglesia y nos ayudará a tener claridad en cuanto a nuestra identidad, cómo trabajar mejor y caminar hacia la visión.

Para nosotros, como iglesia, las redes sociales han sido muy relevantes en la consolidación de los miembros. En el formulario para membresía preguntamos a las personas nuevas si cuentan con redes sociales y si les gustaría que les enviemos información interna a través de ellos. Increíblemente, el 80% de nuestra gente cuenta por lo menos con acceso a una red social. A sí que basándonos en la encuesta y sea que utilicen un medio social o no, buscamos la forma que toda la iglesia esté informada, ya sea por correo electrónico, correo físico, medios sociales, mensajes de textos, WhatsApp, llamadas telefónicas o visitas. En otras palabras, usamos cualquier método que sea el más accesible, práctico, rápido y fácil para nuestra gente. La información que nos provee cada persona nos permite conocer cómo hacerle llegar semanalmente toda información necesaria. Es muy importante estar en contacto y no perder ninguna oportunidad con los miembros y amigos de la iglesia.

Antes de la pandemia ya utilizábamos la transmisión en vivo a través de las redes sociales. Hoy trasmitimos los servicios dominicales, las reuniones especiales, los eventos, las noches de oración, y todo aquello que fuese importante y necesario para nuestra comunidad virtual. Este uso ha llegado a ser tan importante que llegamos a tener más de 17,000 reproducciones de solo un video de predicación. En promedio y desde abril a noviembre de 2020, llegamos a tener más de 145,000 reproducciones de todos los videos trasmitidos por nuestras redes sociales.

Muchas iglesias han aprovechado muy bien las transmisiones en vivo por medio de sus plataformas sociales, llegando así a toda la congregación y también a muchas personas nuevas. Un ejemplo de esto ha sido la pastora Cynthia Fierro Harvey, de la Iglesia Metodista en Luisiana. Ella mencionó que durante la Pascua de 2020 fue la primera vez en casi 60 años que no asistió personalmente a un servicio religioso de su iglesia por razones de la pandemia, pero que gracias a la transmisión en vivo en línea no se perdió el servicio que por más de medio siglo había asistido ininterrumpidamente.

Es importante explorar **todas** las opciones posibles de comunicación para que **todos** puedan estar conectados con la iglesia. ¡Qué importante es actualizarse y ampliar las formas y posibilidades de impactar a **todos** con el mensaje del evangelio! Es sumamente urgente pensar en que **nadie** esté desconectado de la iglesia local.

Cambios en los tiempos

Las empresas de comunicación crecieron a un 300% tan pronto fue anunciado el "**distanciamiento social**" entre las personas. Las empresas de video conferencia, las compañías de teléfonos, los servicios de internet y aparatos de comunicaciones como computadoras o tabletas se multiplicaron rápidamente. Aunque el distanciamiento físico es una realidad, también lo es el hecho que el uso de los medios de comunicación nos ha acercado.

La sala de reuniones de video conferencia es una de las nuevas opciones para las reuniones de los grupos. En este sentido y para hacer el uso efectivo de esta opción es importante dar algunos pasos. Primero, habrá que tener una computadora, tableta o teléfono celular. Las estadísticas indican que en el mundo hay más teléfonos que personas.[6] Segundo, o en paralelo, es necesario contar con conexión a internet. Otro dato sorprendente es que poco más de ocho de cada diez personas tienen cobertura móvil en todo el mundo. Casi la mitad de la población mundial (3,600 millones de personas) usan internet y tienen ordenador con conexión en casa. Se dice que el promedio de vida de un teléfono celular en Estados Unidos, China y Europa no pasa del año y medio a dos años.

Cuando se tuvo que cerrar el templo, lo primero que establecimos como congregación fue celebrar reuniones por video conferencia utilizando la plataforma Zoom.[7] En esta sala celebramos nuestras reuniones administrativas de juntas, de mujeres, hombres, jóvenes, niños y también los servicios dominicales. Para los que se les dificultaba reunirse por video conferencia, usamos un número de teléfono 1-800 gratis que les permitía llamar y conectarse si es que no tenían computadora. Aproximadamente 15% de nuestra congregación utilizó esta forma de conexión.

Liderazgo visionario en comunicaciones

> "Y Jehová dijo a Abram, después que Lot se apartó de él: Alza ahora tus ojos, y mira desde el lugar donde estás hacia el norte y el sur, y al oriente y al occidente. Porque toda la tierra que ves, la daré a ti y a tu descendencia para siempre…" (Génesis 13:14-15).

El Señor llevó a Abraham a lo alto para que viera toda la extensión de tierra que le daría. De igual manera Dios quiere que podamos ver **todo** lo que él tiene para nosotros. Necesitamos ver con visión. Todo líder espiritual que envejece en su visión afectará generacionalmente a su congregación. Todo líder que ve lo que Dios ve, se actualizará y mantendrá al tanto de su demografía. De esta manera podrá trabajará y

---

6 "Con una población mundial de 7.400 millones de personas, el mundo tiene actualmente 7.700 millones de suscripciones a teléfonos móviles, es decir, hay más aparatos de este tipo que habitantes" (OTI, 18 de diciembre de 2017), en el sitio *https://otitelecom.org/telecomunicaciones/mundo-mas-celulares-humanos/*

7 Nota del editor: Hay mucha información acerca de cómo acceder y usar la herramienta Zoom. Un sitio, por ejemplo, es *https://www.pocket-lint.com/es-es/aplicaciones/noticias/151426-que-es-el-zoom-y-como-funciona-ademas-de-consejos-y-trucos.*

ministrará con recursos efectivos para alcanzar a sus familias, miembros y comunidad.

Nuestras audiencias están muy informadas gracias a los medios de comunicación. Es importante que el liderazgo de nuestra iglesia pueda estar actualizado con todos los recursos posibles para comunicarse efectivamente. No se trata únicamente de brindar información básica, pero también generar conexión buscando transformación de vida y social. Nuestro liderazgo tiene que recibir capacitación para comunicar con eficiencia. No se trata únicamente de que otros escuchen nuestro mensaje, sino que también lo entiendan. Tenemos que asegurarnos completa y constantemente que el mensaje llega claramente a la gente a través de los medios que utilizamos; que lo pueden entender, que hay claridad y sobre todo dar la oportunidad de participar y aclarar sus dudas o preguntas.

Cierto día del año 2018 mi líder y pastor, el coordinador hispano del distrito de Virginia presbítero Rigoberto Acosta, me llamó y dijo que quería invitarme para ser parte de un equipo que viajaría por todo el estado de Virginia. Me dijo que visitaríamos las iglesias y brindaríamos talleres de capacitación al liderazgo de las congregaciones. Uno de los temas, y que él me pidió compartir, fue "El liderazgo y las comunicaciones". Uno de los propósitos principales de la gira era que todas las iglesias hispanas del distrito tuvieran una página web y que estuviesen actualizadas en temas de redes sociales. De esta manera, cada iglesia podría interactuar con su congregación. A estos talleres asistieron pastores, líderes locales y miembros de las juntas locales.

El resultado fue que las iglesias comenzaron a utilizar las redes sociales a tal punto que la información de sus iglesias locales, predicaciones, eventos y proyectos fueron dados a conocer de manera efectiva. Otras iglesias que ya utilizaban las redes sociales comenzaron a innovar lo que tenían. Creo que esa fue una de las estrategias de liderazgo más importante que hemos tenido. Nunca pensamos que dos años más tarde, para el 2020, tendríamos que literalmente cerrar las iglesias y prácticamente la única manera de comunicarnos con nuestra gente sería el uso de los medios de comunicación, tal como lo aprendimos en esos talleres.

La iglesia u organización saludable del futuro no puede ser reacia al cambio, debe de buscar formas de innovar y progresar. El liderazgo debe asumir riesgos basados en la fe como nunca antes se ha conocido. Debe actuar y ver qué es lo nuevo, qué está funcionando y qué es necesario cambiar. Es importante estudiar estadísticas y toda tecnología que pueda ser relevante a la iglesia.

Doy gracias a Dios que muchas de esas iglesias que preparamos en nuestro distrito han hecho su trabajo en las redes sociales hasta el día de hoy. Podemos decir que líderes efectivos son aquellos que se preparan académica y teológicamente, pero también constantemente en el conocimiento y uso de los medios de comunicación.

Finanzas en línea

También desde el 2016 comenzamos a enseñar que se podía honrar a Dios con sus bienes a través de la página web de la iglesia. Esto para muchos de los líderes era algo diferente, y tal vez muy arriesgado. Por ejemplo, algunos consideraban que dar la información de su tarjeta de crédito no era confiable. Nos tomó varios años para que la mayoría comprendiera que ésta era nueva forma y segura de hacer pagos y, principalmente una manera también de ofrendar. Comencé a enseñar y pedirle a nuestro liderazgo la importancia de que diéramos el ejemplo haciéndolo. Poco a poco esta manera de ofrendar y dar los diezmos comenzó a dar resultados positivos, a tal punto que el 70% de la membresía hoy lo hace en línea. Cuando comenzó la pandemia, la única forma de ofrendar fue por la página web o por el servicio alterno en línea.

Algo que me ocasionó gran satisfacción fue que muchos de nuestros miembros comenzaron a poner sus negocios en línea, mientras estábamos en medio de la pandemia 2020. Algunos perdieron trabajos, pero encontraron la forma a través de una buena idea y estrategia de poner su negocio en internet y las redes sociales. Con el liderazgo de comunicaciones creamos talleres individuales para ayudarles a fortalecer sus ideas. Esto generó ingresos en líneas para sus empresas. Mientras vamos caminando y en medio de circunstancias negativas podemos aprender.

No hay nadie que tenga todas las respuestas a lo que sucederá; lo que sí es posible es tener lideres llenos del Espíritu Santo que puedan discernir y estar preparados para lo que viene.

En algunas conferencias he tenido la oportunidad de hablar al liderazgo acerca de los medios de comunicación. Algunos me han preguntado acerca de mantener el mismo formato y hasta qué punto afectaría la efectividad de mi equipo e iglesia. Les he mencionado que las mejores opciones consisten en actualizarse. Debemos recordar que nuestra gente pudiera estar más adelantada que nosotros. Si el formato de comunicación es efectivo, quizá todo lo que se necesita hacer es revisar y evaluar lo que pudiera ser actualizado o mejorado. Recordemos que cada ministerio tiene un contexto propio de necesidad en la iglesia.

El autor de la Primera Carta de Pedro escribe a los seguidores de Jesús quienes están exiliados y dispersos en las provincias de Ponto, Galacia, Capadocia, Asia y Bitinia. Vivían en tiempos inciertos y difíciles, y el autor se comunica con los primeros líderes cristianos y los desafía a confiar en la certeza de la resurrección, a poner su fe en Dios, y a trabajar para restaurar, apoyar y dar ánimo a los que sufren. (1 Pedro 5:9-10)

Así como las cartas de los apóstoles unieron a la iglesia y proveyeron esperanza, de igual manera debemos animar a los líderes enviándoles cartas modernas por medio de correos electrónicos, textos, y mensajes trasmitidos por las redes sociales. En diferentes épocas el mensaje fue transmitido de diferentes formas: Jesús caminando; Pablo navegando; Wesley cabalgando. Hoy, nos toca comunicar el mensaje de salvación a través de lo que es nuevo y efectivo, teniendo constantemente en consideración de lo que el futuro pudiese brindar.

BIBLIOGRAFÍA

Bangs, Carls. Phineas E. Bresee, *Pastor del pueblo,* Kansas City, MO: Beacon Hill Press, 1995.

Bevins, Winfield. *Multiplying disciples: What movements can teach us about discipleship,* Discipleship.org, Exponential, 2019.

Bounds, E. M. *Las posibilidades de la oración, referencia en contraportada.* Buenos Aires, Argentina: Editorial Peniel, 1987.

Calhoun, J. Lyal. *El Espíritu en la iglesia;* Quincy, Massachusetts: The ENC Press, 1993.

Coleman, Robert E. *El plan supremo del discipulado,* Bogotá, Colombia: Ediciones Berea, 2004.

_____ . *Plan supremo de evangelización,* El Paso, Texas: Casa Bautista de Publicaciones, 2003.

Duewel, Wesley L. *Ardiendo para Dios,* Miami, Florida: Unilit, 1995.

Forero, Diego. *La hoja de ruta: El plan del Maestro,* Lenexa, Kansas: Casa Nazarena de Publicaciones, 2011.

Greenway, Roger S. *¡Vayan y hagan discípulos! Una introducción a las misiones cristianas,* Grand Rapids, Michigan: Libros Desafío, 2004.

Hayford, J. W. *Pueblo del Espíritu,* Miami, Florida: Editorial El Caribe, 1994.

Hodgson, Roberto. *Cumplimiento de la misión,* Lenexa, Kansas: Casa Nazarena de Publicaciones, 2016.

Lellevre, Mateo. *Juan Wesley, su vida y su obra,* Kansas City, MO: Casa Nazarena de Publicaciones, 1979.

Manual de la Iglesia del Nazareno, 2017-2021. Lenexa, Kansas: Casa Nazarena de Publicaciones 2018.

Maxwell, John C. *Las 21 cualidades indispensables de un líder,* Nashville, Tennessee: Editorial Caribe-Betania, Nashville, 1999.

Sanders, Oswald J. *Liderazgo espiritual,* Grand Rapids, Michigan: Editorial Portavoz, 1995.

Van Engen, Carlos. *El pueblo misionero de Dios,* Grand Rapids, Michigan: Libros Desafío, 2004.

Warren, Rick. *Lecciones de liderazgo basadas en Nehemías.* Miami, Florida: Editorial Vida, 2005.

_____ . *Liderazgo con propósito,* Miami, Florida: Editorial Vida, 2010.

Wiley, H. Orton / Culbertson, Paul T. *Introducción a la teología cristiana,* Kansas City, Missouri: Casa Nazarena de Publicaciones, 1948.

www.ingramcontent.com/pod-product-compliance
Lightning Source LLC
Chambersburg PA
CBHW060530080526
44586CB00012B/694